I0007922

Anleitung und Tricks zum
WiFi-Netzwerke hacken

Inhalt

WiFi-Netzwerke sind nicht undurchdringlich, mit den richtigen Tricks und Verfahren können Sie eine Verbindung haben, ohne das Passwort zu kennen. Wenn Sie schon immer ohne Einschränkung verbunden sein wollten, ist dies der beste Weg, um es zu verwirklichen, unter Berücksichtigung der Art des Systems, von dem aus es gehackt werden kann.

Die Sicherheit jedes Routers lässt eine Möglichkeit offen, d.h. sein Sicherheitsniveau wird durch einen Werksdefekt in Frage gestellt, da sie auch eine gewisse Anfälligkeit für die verschiedenen Verfahren besitzen, die täglich auftreten, denn für jedes Modell des WiFi-Netzwerks gibt es eine Möglichkeit, die Sicherheit dieser Art von Verbindung in Frage zu stellen.

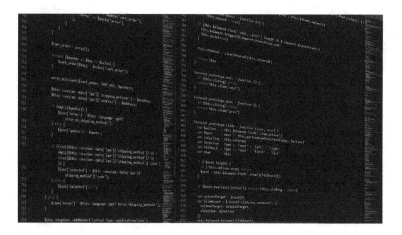

Was WiFi-Netzwerke bedeuten

Das WiFi ist ein Mechanismus, der drahtlos arbeitet, es erlaubt, den Weg zum Internetzugang zu verschiedenen Geräten zu öffnen, es ist eine Technologie, die mit verschiedenen Nutzungsmodi verbunden ist, wo die Abwesenheit von Kabeln als eine klare Lösung etabliert ist, dass die Verbindung durch die Verwendung von Infrarot durchgeführt wird.

Die Übertragung von Informationen ist garantiert, denn eine der Qualitäten dieser Technologie ist die Unmittelbarkeit, aber die Bedingung ist, dass der Benutzer einen Platz über die Reichweite und Kapazität von WiFi-Netzwerken hat, der normale Radius liegt zwischen 5 und 150 Meter von der Emission des Signals entfernt.

Die Konfiguration ist ein Schlüsselaspekt beim Thema WiFi-Netzwerk-Hacking, sie ist sehr einfach und wenn sie nicht abgedeckt ist, gibt es ein echtes Kopfzerbrechen, auch die WiFi-Karte der Geräte hat viel zu tun, damit die Verbindung mit ihrem maximalen Ausdruck genutzt werden kann, damit die Kompatibilität des Netzwerks nicht beeinträchtigt wird.

Ist es legal, sich in ein WiFi-Netzwerk zu hacken?

Die drahtlose Internetverbindung ist das, was ein WiFi-Netzwerk charakterisiert, diese Emission von Informationen oder Daten durch Wellen schafft die Möglichkeit für viele Menschen, Zugang dazu zu haben, was keine irrelevante Information ist, weil einer seiner Tiefpunkte die Sicherheit ist.

Die Dimension eines WiFi-Netzes und seine Ausdehnung, bewirkt, dass es in jeder Art von überall mit seinem Abdeckungsradius Punkt zugänglich sind, diese sind sogar ohne Passwort aufgrund der fehlenden Konfiguration der Administratoren, die die Geschwindigkeit des Ladens von Internet-Daten reduzieren kann, weil Dritte mit dem Netzwerk verbinden können.

Aber auch mit der Erstellung des Passworts sind Sie nicht sicher, denn viele Methoden ermöglichen es Ihnen, dieses Netzwerk anzugreifen und Teil davon zu werden, was als Computerbetrug eingestuft wird, da Sie nicht die Zustimmung des Eigentümers haben, und es spiegelt eine zusätzliche Gebühr auf den Verbrauch und in einigen Fällen die Verringerung der Geschwindigkeit des Zugangs.

Diese Verbindung wird als Eigentum einer anderen Person interpretiert, daher ist diese Art der Nutzung eine illegale Beschädigung, vor allem, weil diese unbefugte Nutzung eine Gebührenerhöhung für den WiFi-Service-Provider verursacht, auf europäischer Ebene wurde diese Art von Aktionen in das Strafgesetzbuch aufgenommen.

Die gesetzlichen Strafen für das Hacken von WiFi-Netzwerken, einschließlich Freiheitsstrafe für einen Zeitraum von mehr als drei Jahren, plus einen wirtschaftlichen Betrag an die betroffene Partei, das ist das Risiko, das zum Zeitpunkt des Hackens dieser Art von Verbindung, auch das Maß dieses Verbrechens ist auf die Methoden zur Durchführung dieser Aktion basiert.

Normalerweise ist die Art der gesetzlichen Strafe, die angewendet wird, ein Betrag von weniger als 400 Euro und eine Geldstrafe, die drei Monate nicht überschreitet. Was gemessen oder bewiesen werden kann, ist der Anstieg des Internetverbrauchs aufgrund der Existenz einer zusätzlichen Verbindung, die nicht autorisiert ist, um diese Bestimmung zu erreichen, werden Programme verwendet, die die Netzwerkaktivität verwalten.

So wie Programme zum Hacken einer Verbindung verwendet werden, so wurden auch Utilities entwickelt, um dem Eindringen unbefugter Dritter entgegenzuwirken, d.h. es handelt sich um Anwendungen, die die Nutzung von WiFi-Netzwerken schützen und sogar die Möglichkeit haben, das Netzwerk zu verschlüsseln.

Die üblichsten Anzeichen für Benutzer, die denken, dass ihr Netzwerk gehackt wird, sind der Geschwindigkeitsabfall, diese Art von Unannehmlichkeit ist es, die einen Weckruf verursacht, und Programme, die den Verbrauch messen, tägliche Berichte liefern oder ihn aufzeichnen, auf diese Weise können sie beginnen, Hinweise und Beweise für den zusätzlichen Verbrauch eines Eindringlings zu haben.

Arten der WiFi-Netzwerksicherheit zum Hacken

Jedes der WiFi-Netzwerke, hat Sicherheitsstandards, ist dies als Barriere auferlegt, so dass es keinen unbefugten Zugriff, die am häufigsten angreifen, um Zugang zu der Verbindung zu erhalten, sind die folgenden:

- **WEP**

Es ist Teil eines Sicherheitsprotokolls, das als 802.11-Standard bekannt ist, es wurde seit 1997 ratifiziert, sein Akronym entspricht: Wired Equivalent Privacy, es etabliert einen Sicherheitsalgorithmus, der in drahtlosen Netzwerken veraltet ist, es sorgt für Vertraulichkeit, aber auf die gleiche Weise ist es möglich, in nur wenigen Minuten zu hacken.

- **WPA**

Es ist der Ersatz von WEP, es ist als stabiler Sicherheitsstandard bekannt, es wurde 2003 veröffentlicht, sein Akronym wird als Wi-Fi Protected Access dargestellt, es ist eine Vorbeugung gegen die von WEP erlittenen Angriffe, sein Betrieb basiert auf temporären Schlüsseln, es bestimmt einen Schlüssel pro Paket, und es hat eine Nachrichtenüberprüfung.

- **WPA2**

Sein Ursprung ist mit dem Ersatz von WPA verankert, es hat eine Implementierung von mehr Elementen, bis hin zu einer Unterstützung und Verschlüsselung, Verschmelzung Aspekt der früheren, um das Niveau der Reaktion auf Angriffe zu verbessern, so Hacking diese Art von Sicherheit, erfordert Schritte oder Ausführungen, die mehr anspruchsvoll sind.

Das macht es einfacher, WiFi-Netzwerke ins Visier zu nehmen, die z. B. über WEP verfügen, da die Schwäche als erstes ausgenutzt werden kann, um Sicherheitsstandards zu umgehen, die jede Schwachstelle zu perfektionieren versuchen.

So prüfen Sie die Sicherheit eines WiFi-Netzwerks

Ein Audit kann für ein WiFi-Netzwerk durchgeführt werden, um dessen Sicherheit zu untersuchen und zu zertifizieren. Normalerweise wird eine Software wie WiFi Auditor verwendet, die auf Windows-Systemen läuft, eine fortschrittliche Rechenoperation hat und mit jedem Computer mit Java kompatibel ist.

Diese neue Audit-Funktion begrenzt ein wenig den Spielraum für Hacker, die in einem WiFi-Netzwerk auftreten können, vor allem, weil diese Software ihre Version für Mac OS X erweitert hat, diese Hilfe lässt ein gewisses Maß an Verwundbarkeit, die das Netzwerk präsentiert, aber in seinem Betrieb des Schutzes, ist es auch in der Lage, Passwörter.

- **WiFi-Auditor als Hacking-Werkzeug**

Die Leistung von WiFi Auditor liefert Informationen über die Passwörter von WiFi-Netzwerken, die verwundbar sind, sowie solche, die keine Sicherheit haben, so dass es ein nützliches Werkzeug wäre, diese Passwörter zu verwenden, um sich kostenlos mit dem Internet zu verbinden.

Die grundlegenden Optionen dieser Software sind sehr einfach zu verstehen, Sie müssen nur auf die Option "Netzwerk-Audit" klicken, damit das Programm seine Funktionen ausführt, es ist ein automatischer Job, der Daten über Sicherheitslücken liefert, die Ihnen Kontrolle und Macht über diese Netzwerke geben.

Die Erkennung von Sicherheitslücken hat auch viel mit dem verwendeten Router zu tun, denn dessen Schwachstellengrad kann dazu führen, dass das Passwort in wenigen Sekunden ermittelt werden kann, was sich auf die Algorithmen auswirkt, die unter Berücksichtigung der MAC-Adresse veröffentlicht wurden.

Die Art von Passwörtern, die von WiFiAuditor abgewehrt werden können, sind solche mit den folgenden Eigenschaften oder Beschreibungen:

- Diejenigen Netzwerke, die standardmäßig den ursprünglichen, vom Router selbst vergebenen Namen beibehalten.

- Die voreingestellten Passwörter sind in der Regel die gleichen wie die auf der Rückseite des Routers.

- Netzwerke, die nahe beieinander liegen, ohne Hindernisse oder Störungen wie z. B. große Wände, so dass der Sender und die Nutzung der Software vollen Kontakt haben.

- Der Router hat einen öffentlichen und identifizierbaren Algorithmus.

Das liegt daran, dass die Untersuchung oder Identifizierung, die von dieser Software durchgeführt wird, in der Lage ist, Zugriff auf das Passwort oder zumindest auf den Router zu haben, diese Art von freiem Weg ermöglicht die Internetverbindung durch dieses Tool.

• Merkmale von WiFi Auditor vs. WiFislax

Ein Vergleich zwischen WiFislax und WiFi Auditor, die heutzutage aufgrund der Einfachheit ihrer Funktionen weit verbreitet sind, was dazu führt, dass die Offenlegung von WiFi-Passwörtern häufiger als üblich vorkommt. Bevor Sie

beide miteinander vergleichen, ist es ratsam, die lokale Ge-
setzgebung über die Verwendung dieser Softwares zu überprüfen, um Probleme zu vermeiden.

Der erste Unterscheidungspunkt zwischen der einen und der
anderen Software ist, dass WiFislax nicht mit Windows kompatibel ist, aber WiFi Auditor kann mit dieser Art von Betriebssystem arbeiten, und es erfordert keine Art von Installation, es funktioniert mit der modernsten Version von Windows, weil es als eine JAVA virtuelle Maschine arbeitet.

Auf der anderen Seite, in Bezug auf die Ergebnisse, beide
Alternativen sind effizient, um jede Art von Netzwerk, das in
der Nähe ist zu studieren, obwohl, wenn Sie eine leis-
tungsstarke Antenne haben, wird die Reichweite deutlich erhöht, ist es ratsam, für eine direktionale Panel entscheiden,
wobei eine der besten Optionen, um die Vorteile der beiden
Software zu nehmen.

- **Der Installationsprozess des WiFi-Audi-
tors**

Eine der Voraussetzungen für die Installation von WiFi Aditor
ist JAVA, was jede Art von Nutzung auf Android ausschließt,
aber wenn es mit Windows und MAC Apple verfügbar ist, ist

die Bedienung schnell und einfach, im Gegensatz zu WiFislax, das mehr erweiterte Optionen hat und mehr Zeit erfordert, aber nur Linux unterstützt.

Die Ausführung dieser Software ermöglicht die Durchführung von zwei Alternativen, erstens die Audit-Netzwerke, und verbinden, auf diese Weise können Sie die Entschlüsselung des Schlüssels, die möglich ist, zu generieren, ist dies direkt auf dem Bildschirm ausgestellt, und treibt die Verbindung, seine Anwendung ist einfach, ohne manuelle ist in Kraft gesetzt.

Das Beste an dieser Art von Software ist, dass sie nicht als illegal eingestuft wird. Es handelt sich um eine mathematische Berechnung, so dass sie als solche keine Passwörter knackt bzw. nicht dafür ausgelegt ist, aber ihre Operationen legen die eigenen Schwachstellen der Routermodelle offen, so dass es leicht ist, den Typ des Schlüssels zu erraten, den sie hat.

Die Internet-Provider selbst, sind das, was online die Art von Passwort, das sie standardmäßig haben, und wenn der Administrator nicht eine Änderung auf sie machen, ist, dass diese Lücke der Möglichkeit, das Netzwerk zu hacken präsentiert wird, was illegal ist die Verwendung dieses WiFi-

Netzwerk ohne Zustimmung, aber die rechtmäßige Erlangung ist ein anderer Aspekt.

Das Programm WiFi Auditor stellt keine vom Benutzer angepassten Passwörter zur Verfügung, diese Art der Änderung ist nicht leicht zu erkennen, noch ist sie mit den Funktionen der Software kompatibel, ihre Wirkung beruht auf anfälligen Netzwerken und der Unachtsamkeit des Benutzers, die Marken mit der größten Schwachstelle sind Dlink, Axtel, Verizom, Tecom und andere.

Die am häufigsten verwendeten Zeichen in Passwörtern für WiFi-Netzwerke

Die Bildung eines Passworts in einem WiFi-Netzwerk, wenn es angepasst ist, erschwert jede Art von Hacking-Versuch, jedoch führen die meisten Benutzer diesen Schritt nicht durch, sondern verwenden dieses Netzwerk unter Standardwerten, die Programme pflegen ein Wörterbuch der möglichsten, um die Sicherheit eines solchen Netzwerks zu brechen.

Die am häufigsten verwendeten Werte sind numerisch, lateinisches Alphabet in Klein- oder Großbuchstaben, alphanumerisch, hexadezimal in Groß- und Kleinbuchstaben, auch

Sonderzeichen können eingebunden werden, werkseitig eingestellte Passwörter haben einen hexadezimalen Satz von 16 möglichen Zeichentypen.

Diese Art von Informationen oder Daten, reduziert die Möglichkeit in großen Proportionen, so dass der Algorithmus ist verantwortlich für die Verwerfung der Kompatibilitäten mit dem Passwort, aus diesem Grund ist es ein Mangel an Sicherheit, um den Schlüssel, der in einer vorbestimmten Art und Weise auferlegt wird, aus diesem Grund die empfohlene Sache ist, dass sie 12 Zeichen setzen.

Auf der anderen Seite, wenn ein Schlüssel in das WiFi-Netzwerk eingefügt wird, muss Brute-Force für eine rechtzeitige Entschlüsselung implementiert werden, abhängig von der Leistung oder Kapazität des Computers, andernfalls erhöht sich die Zeit zur Entdeckung des Schlüssels proportional, normalerweise benötigen die Schlüssel, die eine Länge von 8 Ziffern haben, von 7 bis 93 Tage.

Wenn Variablen wie Groß- und Kleinschreibung zusammenkommen, kann die Wartezeit bis zu Jahren betragen, d.h. bei komplexeren Passwörtern kann selbst das beste Programm nicht effektiv agieren, da jedes einzelne mathematische Operationen entwickelt, mitten im Knackprozess.

Angesichts dieses Negativszenarios komplexer Passwörter ist die einzige Möglichkeit, dies zu beschleunigen, eine korrekte Implementierung der Ausrüstung, wobei die Grafikkarte hervorsticht, diese muss leistungsstark sein, so dass sie eine Leistung von 350.000 WPA- oder WPA2-Hashes pro Sekunde hat, da dies bedeutet, dass sie bis zu 350.000 Passwörter untersucht.

Wenn FPGA-große Hardwares eingebaut werden, wird eine Leistung von bis zu 1.750.000 Hashes pro Sekunde präsentiert, was ein beträchtlicher Unterschied ist, den man unbedingt vorher wissen muss, denn wenn das Passwort nicht lang ist und es nicht im Wörterbuch gefunden wird, bedeutet das, dass es ein lang verzögerter Prozess ist.

Faktoren, die ein WiFi-Netzwerk gefährden können

Das Auffinden der Schwachstelle eines WiFi-Netzwerks kompromittiert alle Sicherheitsebenen. Dieses fatale Ergebnis kann eintreten, wenn verschiedene Faktoren zusammentreffen, d. h. die folgenden Szenarien können zu bösartigen Handlungen führen:

1. DNS-Hijacking

Ein Netzwerk kann einen Angriff vom Internet-Browsing erhalten, da das Domain Name System (DNS) die Kommunikation zwischen einem Gerät und dem Netzwerk ermöglicht. Diese Art von Funktion kann von einem Cracker gemeistert werden, um den DNS des echten Providers zu ändern, im Austausch für seinen eigenen, als bösartigen Köder.

Wenn diese Art von Änderung auftritt, kann der Benutzer ein Portal öffnen und ist sich nicht sicher, ob es das richtige ist, sondern kann sich auf einer vom Angreifer kontrollierten Website befinden, die aber das Aussehen der ursprünglichen Website beibehält. Dies ist für den Benutzer unbemerkt, aber wenn Sie Ihre Daten eingeben, werden diese an den Angreifer gesendet.

Diese Art von Risiko hat mehr mit der Sicherheit persönlicher Daten zu tun, da es sich auch um einen Prozess handelt, der von WiFi-Netzwerk-Hacking-Programmen implementiert wird. In einigen Fällen gibt der Browser selbst eine Mitteilung oder ein Warnsignal an die Benutzer aus, um sie wissen zu lassen, dass etwas nicht stimmt.

2. Botnetze

Dieser Faktor zeigt, dass einige Router haben Remote-Zugriff, viele sind unter einem Standard-Modus eingeschaltet, schafft dies eine Gelegenheit, den Router durch diese Remote-Pfad geben, geschieht dies durch die Verwendung von Secure Shell Server bekannt als SHH, sowie ein Telnet-Server oder mit einem Web-Interface durchgeführt wird.

Wenn ein Benutzer diese Standardkennwörter nicht ändert, können Dienste mit direktem Zugriff eine Verbindung über das Internet herstellen, wobei jede Art von Schutz beiseite gelassen wird, da jeder Zugang haben kann, da er nur ein Programm verwenden müsste, um die Standarddaten zu erkennen, was einfach ist.

Darüber hinaus werden diese Art von Daten im Internet veröffentlicht, wodurch Computerangriffe effektiver werden.

3. Verkehrsüberwachung

Derzeit werden Spionagetools entwickelt, eines davon, das ein WiFi-Netzwerk direkt betrifft, ist die Überwachung des Datenverkehrs. Eines der beliebtesten ist tcpdump, das direkt mit dem Router verbunden ist, um die gesamte verschlüsselte Kommunikation zu sammeln, die durch den Router übertragen wird.

4. Proxy

Die Unsichtbarkeit der Angreifer ist ein weiterer Faktor, der sich direkt auf WiFi-Netzwerke auswirkt. Bei diesem Manöver führen die Angreifer keine Art von Installation durch, da sie nur das SSH benötigen, um verfügbar zu sein, daher wird es als Tarnung angenommen, eine unsichtbare Adresse wird erstellt, und vor jedem Angriff wird nicht ihre Adresse aufgedeckt, sondern diejenige, die durchbrochen wurde.

5. Anfällige Protokolle

Verschiedene Protokolle wie UPnP, Bonjour, Zeroconf und SSDP bieten einen offenen Pfad, der von den Anwendungen getestet wird, die Teil der Dynamik der Internet-der-Dinge-Geräte und Router sind, und wenn diese Protokolle nicht aktualisiert werden, entsteht ein notorischer Fehler, der eine Gelegenheit für einen Angriff darstellt.

Um es besser zu verstehen, ist es notwendig, zu verarbeiten, dass ein Protokoll wie Universal Plug and Play (UPnP), fasst die Konfiguration von Geräten der PlayStation-Ebene sowie Skpe, diese Art von Programmen, öffnet die Tür für mehr Benutzer, um Teil der Entwicklung seiner Funktionen zu sein, und dies bewirkt, dass die IP-Adresse öffentlich ist.

Jede Art von Fehler bei der Verwendung von UPnP, direkt am Router, führt dazu, dass Schwachstellen ans Tageslicht kommen, und dies ermöglicht mehr Angreifern den Zugriff auf das interne Netzwerk, so dass es sich um Protokolle handelt, die Funktionen ermöglichen, aber im Gegenzug alles gefährden.

6. Schwache Passwörter

Die Router, die Teil des WiFi sind, verwenden verschiedene Verschlüsselungsmechanismen, es kann ein offenes Netzwerk sein, ohne jede Art von Verschlüsselung, sowie das bekannte WPA2, es ist ratsam, keine Methoden anzuwenden, die keine Garantien wie WEP und WPA haben, da sie recht leicht entschlüsselt werden.

Die persönliche WPA2-Verschlüsselung ist eine der zuverlässigsten, aber es hängt alles von der Wahl des Passworts ab, da eines, das mindestens acht Ziffern hat, in wenigen Minuten entschlüsselt werden kann, insbesondere wenn Brute-Force-Angriffsprogramme verwendet werden.

Wenn ein Benutzer den WiFi-Netzwerkschlüssel nicht ernst nimmt, entstehen Probleme, da er ein einfacher Punkt für Angreifer ist, um sich mit dem Router zu verbinden, und dies führt dazu, dass auch die mit dem Netzwerk verbundenen

Geräte ungeschützt sind, obwohl Angriffe auch auf Schwachstellen in der Firmware des Routers abzielen.

Tipps zum Entschlüsseln von WiFi-Netzwerkschlüsseln für Linux

Das Interesse an der Entschlüsselung des Schlüssels von Drittanbieter-WiFi-Netzwerken steigt, es ist eine Aufgabe, die über komplexe nur Wissen erfordert, denn mit den richtigen Tipps und zusätzliche Vorbereitung, können Sie die Fähigkeit, jede Art von Schlüssel zu erhalten, obwohl die Verwendung solcher Daten, sind auf eigene rechtliche Risiko.

Wenn Sie ein WiFi-Netzwerk hacken wollen, ändert sich die Vorgehensweise je nach Art des Betriebssystems, von dem aus diese Aktion durchgeführt werden soll, daher wird sie wie folgt klassifiziert:

- ## Vorbereitung für Linux

Wenn Sie sich von einem Linux-System aus hacken wollen, müssen Sie Folgendes haben oder einbauen:

1. **Aircrack-ng:** Es stellt eine Suite von mehreren Programmen dar, die nützlich sind, um WiFi-

Netzwerke anzugreifen. Diese Reihe von Programmen hostet Pakete, um Angriffe zu generieren, diese Art von Programmen sind diejenigen, die die Schlüssel entschlüsseln, entweder WEP oder WPA.

2. **USB-Netzwerkkarte:** Dies ist eine Ergänzung, die PCI sein kann.

3. **Reaver-WPS:** Dies sind Programmtypen, die die Fehler der WPA-Einbindung dank WPS ausnutzen.

Sobald diese drei Voraussetzungen erfüllt sind, ist es an der Zeit, das Netzwerk zu prüfen, um den WiFi-Schlüssel zu erhalten, die Hauptsache ist, Aircracck-ng zu installieren, es hat eine 32-Bit- und 64-Bit-Version, einmal installiert, ist es Zeit, die USB-Netzwerkkarte zu haben, solche Karten haben mehr Kapazität als andere, die eine, die herausragt, ist RTL8187-Chipsatz.

Die Stabilität dieser Art von Karte ist attraktiv, und alle Programme sind in der Lage, mit ihr zu arbeiten, man muss sie nur verknüpfen, um zum letzten Schritt des Herunterladens des reaver-wps zu gehen, dies ist derjenige, der hilft, die Schwachstellen zu erkennen, die existieren, um stumpfe Angriffe gegen die WPS anzuwenden, und den Sicherheits-Pin zu finden.

Der beste Weg, um die WiFi-Netzwerk-Schlüssel zu erhalten, ist das Netzwerk-Gerät unter einem Monitor-Modus zu platzieren, zusätzlich zu studieren die Möglichkeit der Anwendung Pakete auf dem WiFi-Netzwerk, dann können Sie den Befehl airmon-ng verwenden, so arbeiten auf den Erhalt der Schlüssel, die Schritte zu folgen sind wie folgt:

1. **Ausführung von Iwconfig:** Diese Funktion hilft bei der Erkennung der WiFi-Karte, unter Beachtung dieser Nummer können Sie einen weiteren Befehl ausführen, der den Namen des Geräts angibt.

2. **Erstellen Sie das Gerät, um den Schlüssel zu extrahieren:** Die Erstellung eines Geräts ist das, was die Injektion im Netzwerk zu meistern erlaubt, dafür ist es unerlässlich, den Befehl "sudo airmon-ng start (Gerätename)" einzugeben, um diese Option zu aktivieren, müssen Sie root sein.

3. **Statusprüfung:** Bei der Eingabe des Befehls "iwconfig" werden Informationen auf dem Bildschirm angezeigt, die die Aktivierung des Überwachungsmodus auf dem Gerät anzeigen, durch den der WiFi-Schlüssel zur Entschlüsselung gesucht wird.

4. **Ausführung des Tastenbruchs:** Um den Betrieb der vorherigen Schritte zu messen, ist es nur notwendig, das Gerät zu starten, dafür müssen Sie aireplay-ng haben, dies wird von aircrack-ng zur Verfügung gestellt, führen Sie einfach den Befehl "aireplay-ng -test mono", dies unter dem Administrator-Modus.

Das Ergebnis der obigen Aktion, gibt das Ergebnis von "Injektion funktioniert" aus, so dass Sie herausfinden können, ob die Paketinjektion funktioniert, es ist eine Möglichkeit, den WiFi-Schlüssel zu knacken und die Schwachstellen hinter der Netzwerkkonfiguration hervorzubringen.

Eine andere einfachere Alternative, um diese Prozedur über Linux durchzuführen, wobei es unerlässlich ist, Kali Linux herunterzuladen, da es eines der wichtigsten Tools ist, ist, dass der USB-Speicher ein bootfähiges Laufwerk ist, und in seinem Speicher wird die Kali Linux ISO-Datei sein, um es später zu installieren.

Die Investition in eine WiFi-Karte erleichtert die ganze Prozedur, sie ist ein Weg, um alle Informationen im WiFi-Netzwerk zu überwachen, nach diesem Punkt ist es wichtig, sich als Root-Benutzer anzumelden, dies ist der Schlüssel, um den Hacking-Prozess durchzuführen, diese Verbindung zwischen der WiFi-Karte und dem Computer ist das, was den ganzen Prozess in Bewegung setzt.

Nachdem diese vorherigen Schritte abgeschlossen sind, müssen die folgenden Schritte ausgeführt werden:

- Öffnen Sie das Terminal des Computers, der Kali Linux hat, das erste, was ist, um das Symbol der Anwendung, klicken Sie, so dass ein schwarzes Fenster erscheint, müssen Sie die Schrift oder das Symbol von "größer als", oder Sie können auch Alt+Strg+T drücken.
- Es stellt den oben erwähnten Installationsbefehl "aircrack-ng" zur Verfügung, in den Sie den Befehl eingeben und die Eingabetaste drücken, der Befehl lautet sudo apt-get install aircrack-ng.

- Geben Sie das Kennwort ein, wenn die Software es verlangt, dies ist der Schlüssel, der für die Anmeldung am Computer verwendet wird, dann können Sie "Enter" drücken und als solches ermöglicht es den Root-Zugang, was nützlich ist, damit die Befehle nach dem Terminal ausgeführt werden können.

- Suchen Sie auf dem Monitor den Namen des Netzwerks, das Sie hacken wollen, es sollte zumindest ein persönlicher Name erscheinen, sonst bedeutet es, dass die WiFi-Karte diese Art der Überwachung nicht unterstützt.

- Starten Sie die Überwachung des Netzwerks, indem Sie den Befehl airmon-ng start und den Netzwerknamen eingeben und die Eingabetaste drücken.

- Aktiviert die Schnittstelle, nachdem der Befehl iwconfig erteilt wurde.

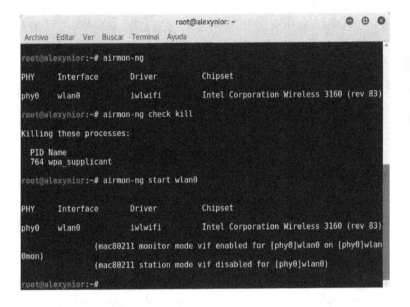

```
                        root@alexynior: ~                      ⊖ ⊡ ⊗
Archivo  Editar  Ver  Buscar  Terminal  Ayuda
root@alexynior:~# airmon-ng
PHY     Interface       Driver          Chipset
phy0    wlan0           iwlwifi         Intel Corporation Wireless 3160 (rev 83)
root@alexynior:~# airmon-ng check kill
Killing these processes:
  PID Name
  764 wpa_supplicant
root@alexynior:~# airmon-ng start wlan0

PHY     Interface       Driver          Chipset
phy0    wlan0           iwlwifi         Intel Corporation Wireless 3160 (rev 83)
                (mac80211 monitor mode vif enabled for [phy0]wlan0 on [phy0]wlan
0mon)
                (mac80211 station mode vif disabled for [phy0]wlan0)
root@alexynior:~#
```

So hacken Sie ein WiFi-Netzwerk von Linux aus ohne Grafikkarte

Die Linux-Methode des Hackens kann aufgrund der Grafik-
kartenproblematik komplex sein. Aus diesem Grund gibt es
Möglichkeiten, diese Prozedur bei der Verwendung von aircrack-ng auf einem Computer durchzuführen, aber dafür
müssen die folgenden Schritte ausgeführt werden:

1. **Herunterladen der Wörterbuchdatei:** Die am
   häufigsten verwendete Datei für diesen Zweck ist
   Rock You, die heruntergeladen werden kann,

und berücksichtigen Sie dann die Liste der Wörter, denn wenn das WPA- oder WPA2-Passwort nicht auf diesem Ergebnis ist, wird es nicht möglich sein, auf das WiFi-Netzwerk zuzugreifen.

2. **Starten Sie den Vorgang der Passwortentschlüsselung:** Um den Vorgang zu starten, muss der Befehl aircrack-ng -a2 -b MAC -w rockyou.txt name.cap eingefügt werden, es ist unbedingt darauf zu achten, dass die richtigen Netzwerkinformationen verwendet werden, falls es sich um ein WPA-Netzwerk handelt, ändern Sie das "a2" für nur ein "a".

3. **Warten Sie auf die Ergebnisse des Terminals:** Wenn eine Überschrift wie "KEY FOUND" erscheint, können Sie das Passwort abrufen.

Mit einer zusätzlichen Installation kann das Hacken des WiFi-Netzwerks durchgeführt werden, ohne dass die WiFi-Karte benötigt wird.

Was Sie wissen müssen, um WiFi von Android zu hacken

Die Verfügbarkeit einiger WiFi-Netzwerke, bewirkt, dass es einige Versuchung, ihre Schlüssel zu entschlüsseln, ist dies möglich, von einem Android sogar zu tun, gibt es mehrere Anwendungen für diesen Zweck, kann leicht verwendet werden, um das Passwort des Netzwerks haben, und genießen Sie diese Verbindung.

Die einzigen Bedingungen, um den Vorteil der Entschlüsselung von Schlüsseln zu haben, ist mittels bestimmter Geräte, die spezielle Funktionen haben, in der Regel verwurzelte Geräte, mit verfügbarem Speicher, Batterie und Speicher für optimale Ergebnisse.

Mit ein paar Schritten können Sie versuchen, das WiFi-Netzwerk zu hacken, so einfach kann Ihr Handy in ein Mittel zum Computerangriff verwandelt werden, Sie müssen nur die folgenden Aktionen durchführen:

1. Zunächst muss jedes der folgenden Tools über Google Play oder den App Store heruntergeladen werden, damit Sie es auf Ihren Geräten installieren können.
2. Es ist wichtig, die Anwendung zu öffnen, damit sie ausgeführt werden kann.

3. Normalerweise analysieren die meisten dieser Tools als erstes jedes WiFi-Netzwerk, in der Mitte einer Liste werden alle Verbindungsoptionen angezeigt.

4. In jedem WiFi-Netzwerk gibt es eine Farbe, die den Grad der Blockierung anzeigt, dies ist ein Signal für die vorhandene Möglichkeit des Hackens, es ist ein Ausgangspunkt für die Durchführung des Angriffs.

5. Wenn Sie auf das zu hackende Netzwerk klicken, müssen Sie als nächstes auf "Verbinden" klicken.

WPS Connect		🔄 ⓘ

🔒	5gNYSAL	📶
[WPA2]	DC:53:7C:64:B9:A2	-79

🔒	PS4-370CF11D819D	📶
[WPA2]	B0:05:94:6D:3D:51	-80

🔒	MiFibra-229B	📶
[WPA2]	44:FE:3B:40:22:9D	-80

🔒	Invitado-7F36	📶
[WPA2]	72:CC:22:9C:7F:39	-83

🔒	-- Hidden network --	📶
[WPA2]	44:FE:3B:3F:A9:72	-84

🔒	MiFibra-A96F	📶
[WPA2]	46:FE:3B:3F:A9:72	-84

🔒	HUAWEI-E5186-5G-4F2B	📶
[WPA2]	A4:CA:A0:4C:4F:2D	-85

🔒	ONOC825	📶
[WPA2]	DC:53:7C:3C:2D:3E	-85

🔒	forfox2	📶
[WPA2]	98:DE:D0:C3:5F:3F	-85

🔒	MiFibra-7F36	📶
[WPA2]	64:CC:22:9C:7F:38	-85

🔒	MiFibra-2F2F	📶
[WPA2]	44:FE:3B:40:2F:31	-86

🔒	Lowi4932	📶
[WPA2]	10:C2:5A:FB:49:37	-86

🔒	MiFibra-7274	📶
[WPA2]	BC:30:D9:79:72:76	-89

Sie müssen die besten Android-Apps zum Hacken von WiFi-Netzwerken kennen. Jede der folgenden, die Sie verwenden, liefert interessante Ergebnisse, um die Netzwerksicherheit zu durchbrechen:

- ## Kali Linux NetHunter

Ein Tool von der Statur von Kali Linux Nedthunter, zeichnet sich dadurch aus, dass es eines der mächtigsten ist, erlaubt das Hacken jeder Art von WiFi-Netzwerk, sein Betrieb ist Open Source, ist einer der Pioniere in diesem Bereich, um es zu benutzen, müssen Sie das Kali WiFi-Tool installiert haben, um das Verfahren durchzuführen.

Anschließend muss ein benutzerdefinierter Kernel eingebunden werden, in dem die drahtlosen Injektionen hinzugefügt werden, obwohl einige von bestimmten Android nicht unterstützt werden, sollten Sie versuchen, die entsprechenden herunterzuladen.

- ## WPS-Verbindung

Dies ist eine der beliebtesten Anwendungen zum Hacken von WiFi, sein Hauptthema ist es, die Sicherheit des Netzwerks zu testen, diese Anwendung ist mit Routern aller Art kompatibel, die Hauptsache ist, die Anwendung zu installieren, um sie bei der Erkennung von Schwachstellen, die in einem Netzwerk vorhanden sind, zu verwenden.

Die Wirksamkeit dieser Anwendung stützt sich auf die Netzwerke, die anfälliger für Hacking sind, was mit Hilfe von PIN-Kombinationen durchgeführt wird, wobei die Wahrscheinlichkeit ausgenutzt wird, dass Benutzer, die das vom Router auferlegte Passwort nicht ändern, diese vorgegebene Konfiguration als Vorteil für die Verbindung mit diesem Netzwerk nutzen.

• WPS-WPA-Tester

Diese andere Alternative ermöglicht das Hacken des WiFi-Netzwerks, seine Entwicklung basiert darauf, das Beste aus den erkannten Schwachstellen zu machen. Theoretisch zielt diese Funktion darauf ab, diese Schwachstellen ans Licht zu bringen, um sie zu beheben, aber es wird nicht kontrolliert, um für andere Zwecke verwendet zu werden, für sie können Sie Algorithmen wie Belkin, TrendNet und dergleichen versuchen.

Die Kompatibilität der Anwendung, ist mit Android 5.0 Version sowie höhere Versionen verbunden, sonst ältere Versionen nicht helfen, die WEP-WPA-WPA2 zu erkennen, und machen tödliche verschiedene Versuche, damit dies funktionieren kann.

• Aircrack-ng

Eine zuverlässige und stabile Option, um den WiFi-Netzwer-kschlüssel zu entschlüsseln, wird durch diese Anwendung dargestellt, es ist unter dem Linux-Kernel-Betrieb entwickelt, sein Design ist mit XDA verbunden, aus diesem Grund hat es einen effizienten Einsatz auf Android, außer in der Lage, WiFi-Chips zu finden, die durch den Monitor-Modus un-terstützt werden.

Die Verwendung dieser Anwendung hängt von einem verwurzelten Gerät ab, auch die Unterstützung eines Com-puters mit Linux ist der Schlüssel, um die ordnungsgemäße Verwendung jeder Funktion zu vervollständigen, können Sie verschiedene Tutorials ansehen, die diese Verwendung illus-trieren.

• DSploit

Es wurde als eine großartige Anwendung für diesen Zweck des Studierens von WiFi-Netzwerken entwickelt, mit einer XDA-Qualität, die das Extrem erreicht, die Schwachstellen zu kennen, die in einem WiFi-Netzwerk existieren können, was ein großer Anhaltspunkt ist, um in das WiFi-Netzwerk ein-zudringen, so dass es als ein umfassendes Paket definiert werden kann, das Netzwerkinformationen analysiert und ausgibt.

Die Kapazität dieser Studie erlaubt es, mehr Details des WiFi zu entschlüsseln, da ein Scan der Ports durchgeführt wird, ohne zu vergessen, andere Arten von Operationen zu verfolgen, die Verwendung dieser Anwendung wird häufig mit Hilfe von YouTube erklärt.

• AndroDumpper

AndroDumpper wird als eine Anwendung präsentiert, die WiFi-Netzwerke scannt, die in der Nähe sind, es ist eine umfassende Beschreibung über die Verbindung, es arbeitet dank eines Algorithmus, der in Bewegung gesetzt wird, um einige Passwörter zu bestimmen, was das Hacken ermöglicht, das jeder Benutzer sucht.

Der Betrieb dieser Anwendung ist direkt mit Routern für WPS verbunden, obwohl in anderen Arten von Router wirksam werden kann, ist es nur eine wichtige Voraussetzung für die Verwendung eines verwurzelten Handy.

Android-Hacking kann anfangs kompliziert sein, aber die oben genannten Anwendungen sind für diese Mission am besten geeignet. Zu Beginn sollten Sie die Anwendung so einrichten, dass sie von Ihrem eigenen Netzwerk aus verwendet wird oder von einem, auf das Sie Zugriff haben, dann können Sie zu einer anderen Art der Verwendung übergehen.

Entdecken Sie, wie Sie WPA- und WPA2-Netzwerke hacken können, ohne ein Wörterbuch zu verwenden

Das Hacken eines WPA- und WPA2-Netzwerks ist eine Leichtigkeit, es wird mit Hilfe von Techniken durchgeführt, die automatisiert werden, in diese Richtung entwickelt sich das Tool WiFiPisher, es ist eine große Neuheit und gehört zum LINSET (Linset Is Not a Social Enginering Tool) Design.

Diese Art von Skripten folgt dem gleichen Prozess wie andere ähnliche Skripte, dies wird nach den folgenden Aktionen oder Zuschreibungen ausgedrückt:

- Scannen Sie über nahegelegene WiFi-Netzwerke.
- Sie bietet eine Liste der verfügbaren Netzwerke, in die Filter integriert werden können.
- Netzwerkauswahlfunktion zur Erfassung des Handshakes, in manchen Fällen auch ohne Handshake verwendbar.

- Ermöglicht es Ihnen, die gefälschte App zu erstellen. In diesem Schritt können Sie denselben Namen wie das Original angeben, damit Benutzer eine Verbindung zu dieser gefälschten App herstellen können.

- Einrichtung eines DHCP-Servers, dieser wird in das gefälschte Netzwerk eingebunden, so dass die Verbindungsanfrage des Opfers eine Passwortabfrage erhält, bei deren Eingabe das Ziel erreicht ist, dieser Schritt kann so angepasst werden, dass er dem Router des Opfers entspricht.

- Das Passwort wird verifiziert und mit dem Handshake verglichen. Wenn es korrekt ist, wird der DoS-Angriff gestoppt und der Server wird heruntergestuft, um sich wieder mit dem echten AP zu verbinden.

Am Ende jeder dieser Funktionen ist es wieder an der Zeit, die entstandenen Provisorien aufzuräumen, d. h. alle Dienste können gestoppt werden, so dass es zu keiner Ausführung durch das System mehr kommt.

Die Verwendung von LINSET zum Hacken von WPA- und WPA2-Netzwerken, hilft dieser Prozess erfordert kein Wörterbuch, mit den Vorteilen des Seins in Spanisch, und in der gleichen Datei enthalten sind andere, in der Mitte dieser Operation bietet Unterstützung für die Gemeinschaft, ohne aus den Augen zu verlieren, das Wissen über den Router-Hersteller.

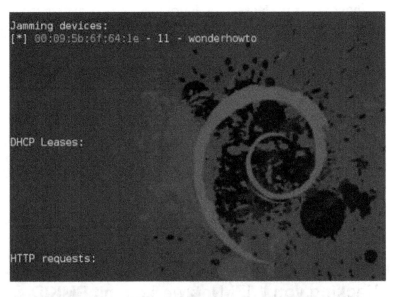

Jedes Portal hat Sprachen, die für jeden Benutzer zugänglich sind, und entwickelt verschiedene Möglichkeiten, den Handshake zu erfassen, es ist ein Werkzeug mit einer viel reiferen Design-Zeit, müssen Sie zuvor diese Vorbereitungsmaßnahmen durchführen:

1. Installation jeder der oben genannten Dateien.
2. Passen Sie das Portal an, wenn Sie die Dateien separat haben.
3. Überwachung der Parameter, um den auszuführenden Angriff zu automatisieren.
4. Es gibt keinen Grund, davon besessen zu sein, den Händedruck zu bekommen.

Hacking von WiFi-Netzwerken mit PMKID

Die Techniken zum Hacken von WiFi-Netzwerken erstrecken sich auf verschiedene Tools, die sich auf eine andere Klasse von Routern konzentrieren, wie z. B. das PMKID-Passwort-Cracking, das eine optimale Leistung bei WPA/WPA2-Protokollen aufweist und jede Funktion beherrscht.

Diese Art von Aktionen, zielt darauf ab, WiFi-Netzwerke zu verändern, seine Funktionen wurden versehentlich entworfen, um den WPA3-Sicherheitsstandard zu erreichen, deshalb entstand diese Methode, die es ermöglicht, Passwörter zu erhalten und wiederherzustellen, so ist es attraktiv auf Hacking und vor allem für die Überwachung der Kommunikation im Internet.

Die Methoden, um ein vielversprechendes Ergebnis zu erreichen, werden vorgestellt, wenn sich ein Benutzer anmeldet, da er das Passwort bereitstellen wird, all dies geschieht nach dem 4-Wege-Authentifizierungsprotokoll, bei dem der Netzwerkanschluss überprüft wird, was sich in den folgenden Schritten ausdrückt:

1. Verwenden Sie hcxdumptool-Tools, unter v4.2.0 oder höher, damit das PMKID den spezifischen Zugangspunkt generiert, um über eine Datei Kontakt mit dem empfangenen Frame zu haben.
2. Durch das Tool hcxpcaptool wird die Ausgabe im pcapng-Format dargestellt, wobei das Hash-Format konvertiert und von Hashcat akzeptiert wird.
3. Anwendung von Hashcat-Passwort-Cracking-Tools, bis das WPA-PSK-Passwort erhalten wird, diese Art von Passwort wird durch das drahtlose Netzwerk extrahiert, aber es funktioniert nur oder hat mehr Gewicht auf Netzwerke mit einer Roaming-Funktion.

Diese Art von WiFi-Hack ist nicht sinnvoll gegen ein Sicherheitsprotokoll der WP3-Generation, da es eine kompliziertere Modalität ist, um anzugreifen oder zu brechen, jedoch wird diese Technologie gegen diejenige verwendet, die schon länger im Einsatz oder auf dem Markt ist.

So erhalten Sie WiFi-Netzwerkschlüssel mit BlackTrack 5

Blacktrack ist weltweit als klassisches Tool zur Durchführung von Cracking bekannt, seine Funktionsweise basiert auf einer Distribution des Linux-Systems, sein Design ist direkt auf die Durchführung dieser Angriffe ausgerichtet, obwohl es auf offizieller Ebene als WiFi-Netzwerk-Auditing-Tool veröffentlicht wird.

Im Laufe der Zeit wurden verschiedene Versionen dieses Programms entwickelt, zusammen mit einer langen Liste von Tutorials, die alle auf seiner offiziellen Website zu finden sind. Es behält eine Vielzahl von Dienstprogrammen innerhalb eines einzigen Programms, einschließlich des Netzwerkscanners Nmap, Wireshark und des Browser-Exploits BeEF, der eine Extraktion bewirkt.

Die Verwendung ist total einfach und kann unter Windows als Boot-System verwendet werden, dann wird es ohne Probleme installiert, es ist sogar verfügbar, um unter Android verwendet zu werden, aber es wird nicht empfohlen, weil es keine effizienten Ergebnisse generiert, wobei der erste Schritt ist, von der Art des Netzwerks, das Sie angreifen wollen, erzählt zu werden.

```
bt ~ # airmon-ng

Interface         Chipset            Driver

ra0               Ralink b/g         rt2500

bt ~ # airmon-ng stop ra0

Interface         Chipset            Driver

ra0               Ralink b/g         rt2500 (monitor mode disabled)

bt ~ # ifconfig ra0 down
bt ~ # macchanger --mac 00:11:22:33:44:55 ra0
Current MAC: 00:c0:ca:25:2d:41 (Alfa, Inc.)
Faked MAC:   00:11:22:33:44:55 (Cimsys Inc)
bt ~ # airmon-ng start ra0

Interface         Chipset            Driver

ra0               Ralink b/g         rt2500 (monitor mode enabled)

bt ~ # █
```

Um die Hacking-Optionen zu bewerten, müssen Sie nur das
Panel der verfügbaren WiFi-Netzwerke überprüfen, dann
kopieren Sie den Namen des Netzwerks, und starten Sie die
Hacking-Prozedur, die Dauer des Prozesses führt eine
Schätzung über die Durchführbarkeit des Hackens dieser Art
von Netzwerk.

Die Geheimnisse zum Hacken von WiFi-Netzwerken ohne Programme

Es besteht kein Zweifel, dass ein einfacher Schritt, um ein
WiFi-Netzwerk zu hacken, ist nicht mit Programmen zu
verwenden, geschweige denn zahlen für solche Ergebnisse,

die erste kann einfach die Erfassung einige Aufsicht über ein offenes Netzwerk ohne jede Konfiguration, ist es nicht richtig hacken, aber es ist einfacher und rechtmäßig.

Um eine Art von Netzwerk ohne Schlüssel zu erfassen, ist es notwendig, eine Langstrecken-WiFi-Antenne zu erwerben, sein Wert ist mindestens 100 Euro, und dann über eine Installation auf der Terrasse oder auf dem Dach denken, in der Lage, jede Art von Signal mindestens 5 km zu erkennen, und 20 km maximal, ist es am nützlichsten, wenn Sie eine zentrale Adresse haben.

Die Orte mit der größten Vielfalt an öffentlichem WiFi, können mit Hilfe dieser Methode beherrscht werden, und das Beste von allem ist, dass es eine legale Methode ist, um sie auszuführen, können Sie die folgenden Antennen auf dem Markt kennen:

- ## TP-Link TL-ANT2424B Antenne

Es erfüllt eine Leistung von 2,4GHz 300Mbps 9dB, ist eine Lösung, so dass kein Netzwerk im Außenbereich übersehen werden kann, seine Anwendung kann zentral entwickelt werden, und strahlt eine professionelle Verbindungsfunktion aus, dennoch ist sein Design einfach zu verstehen, und ist eine großartige Alternative sowohl für Firmen als auch für Haushalte.

- ## Ubiquiti LBE-M5-23 - 5 GHZ

LiteBeam M basiert auf einem Gerät, das als airMAX bekannt ist, hat leichte Eigenschaften und eine Opportunitätskosten, im Austausch für eine hohe Reichweite Konnektivität, dank der Anwendung einer Richtantenne, die immun gegen Lärm wird, wie für die physische, besteht aus 3 Achsen, die einfach zu montieren sind.

Dieses Gerät kann problemlos in den Mast integriert werden, und das alles dank seiner kompakten Kapazität, die seine Anwendung erleichtert.

- ## Ubiquiti PowerBeam M 22dBi 5GHz 802.11n MIMO 2x2 TDMA

Es hat einen Fokus auf jede Richtung von Interesse, helfen, jede Art von Störungen zu blockieren, ist diese Immunität nützlich in Bereichen oder Räumen, in denen verschiedene Signale konkurrieren, die die Erfassung der Netze behindern, dieses Design vermeidet Verwirrung zwischen den Frequenzen, wie es Ubiquitis Innerfeed Technologie hat.

Ein positiver Aspekt dieser Antenne ist, dass sie kein Kabel hat, da die Einspeisung über ein Funkgerät im Horn erfolgt, und gleichzeitig erhöht diese Eigenschaft die Leistung, da es im Gegensatz zu Kabeln keine Verbindungsverluste gibt.

Durch diese vor können Sie diese WiFi-Netzwerke, die offen sind, in einer Angelegenheit von Sekunden und ohne viel Aufwand, dass die Verbindung entsteht, ist es eine Investition, die die Türen in diese Richtung öffnen kann.

Acryl, WEP und WPA WiFi-Netzwerk hacken

Das Programm Acrylic spielt die Rolle eines drahtlosen Netzwerkanalysators, es arbeitet direkt unter Windows, hat eine Vielzahl von Versionen, die den Zweck des Auffindens von Passwörtern erreichen, alles wird in einem automatisierten Modus durch die Erstellung von Skripten, die vom Programm bereitgestellt werden, erzeugt.

Jedes Skript versucht, Passwörter zu generieren, da sie darauf programmiert sind, und ist in der Lage, Informationen über neue Router hinzuzufügen, alles wird auf der Grundlage der Sicherheitslücken entwickelt, die es entdecken kann, sein Einsatz entspricht natürlich einem Schutz auf WiFi-Netzwerken, aber gleichzeitig ist es in der Lage, sie zu hacken.

Dies ermöglicht Ihnen, die Sicherheitsoptionen zu visualisieren, die von diesem WiFi-Netzwerk gefördert werden, dank der Entwicklung eines Treibers, um im Monitormodus die Vorfälle des WiFi-Netzwerks zu erfassen, jedes Router-Modell wird von diesem Tool analysiert, das erste, was ist, dass es den Namen des Netzwerks oder SSID, sowie die MAC-Adresse und die Art der Sicherheit erkennt.

Jeder Zugangspunkt, der von diesem Tool entdeckt wird, ist auf die Defekte des Routers zurückzuführen, die von dem Programm ausgenutzt werden, das für die automatische Berechnung der Passwörter verantwortlich ist, und darauf konzentriert sich die Anzahl der Skripte, die ein generisches Passwort erhalten, wobei die Genauigkeit nach jeder Version des Programms steigt.

Mit den Ergebnissen, die diese Art von Programm liefert, können Sie die Passwörter eins nach dem anderen testen und so überprüfen, ob sie die Verbindung zum WiFi-Netzwerk ermöglichen, obwohl sein Fokus auf dem Schutz des Netzwerks liegt, in der gleichen Effektivität in der Lage ist, Sicherheitslücken in anderen WiFi-Netzwerken zu erkennen.

Unter den kommerziellen Versionen ist Acrylic WiFi Professional die am weitesten verbreitete, als eine Verwaltung von

Acrylic WiFi Home, so dass Sie die Analyse auf dem WiFi-Netzwerk ausüben können, und eine weitere Alternative ist der WiFi-Sniffer, der den Verkehr auf einem WiFi-Netzwerk anzeigt, aber auch Sicherheitsdaten zur Optimierung des Netzwerks hat.

Vor dem Herunterladen können Sie die offizielle Website von Acrylic WiFi konsultieren, neben der Suche nach der professionellen Version dieser Software, gibt es Optionen für Sie, um mehr effektive Funktionen zu erhalten, ist es am besten, das Programm unter der Schaltfläche "continue trial" zu öffnen, um den Prozess zu starten.

Nachdem Sie auf diese Option geklickt haben, ist es an der Zeit, das Fenster "Neu erstellen" auszuwählen und dann auf "Vorhandenes öffnen" zu klicken, um das Projekt zu laden, es ist an der Zeit, die Daten des WiFi-Netzes einzugeben, zusätzlich zur Karte des analysierten Bereichs, ohne zu vergessen, die Karte zu kalibrieren, und in den "Plots"-Optionen haben Sie Zugriff auf "Zugangspunkte" und "Routen".

Rainbow-Tabellen als Technik zum Knacken von Passwörtern

In den letzten Jahren sind die Methoden zum Hacken von WiFi-Netzwerken komplizierter geworden, basierend auf der Struktur des Passworts, denn wenn es kein vorgegebenes ist, wird die Funktion der Programme nicht wirksam, aus diesem Grund können neue Techniken implementiert werden, damit das Passwort enthüllt werden kann.

Die Lösung für die Probleme mit besser strukturierten Passwörtern ist die Anwendung einer gemischten Aktion, die zwischen Wörterbuch und Brute-Force aufgeteilt ist, also aus Rainbow-Tabellen besteht, so dass die Passwortkombinationen mittels eines Algorithmus entstehen können, diese Operation hilft beim Vergleich des zu knackenden Passworts.

Diese Art von Technik entlastet die Rechenlast und erhöht die Geschwindigkeit des Crackens, die einen höheren Wert als die anderen hat, wodurch die Fähigkeiten der für diese Art von Aufgabe entwickelten Hardwares verbessert werden.

Lernen Sie das KRACK-Tool zum Hacken von WiFi-Netzwerken kennen

Das Potenzial, Schwachstellen in WPA2-Netzwerken zu finden, über seine Sicherheitsstufe hinaus, ist die Aktion von KRACK sehr nützlich, dafür müssen Sie die Funktionen entdecken, die dieses Tool hat, wobei eine Hacking-Methode zu berücksichtigen ist, sein Angriff funktioniert auf jedem WPA2-Netzwerk.

Die Schwachstelle, die dieses Programm finden kann, hat mit dem WiFi-System selbst zu tun, das betroffen ist, direkt als Bedingung des Herstellers, auch das Hacken eines WiFi-Netzwerks kann von der Neuinstallation des Schlüssels mittels eines Android-Geräts durchgeführt werden.

Diese Pfade helfen, jede der vom Benutzer übertragenen Daten zu entschlüsseln, dies wird sehr gründlich auf Systemen wie Linux, und auch in Android 6.0 sowie spätere, wie sie eine Phishing-oder Ransomware konfrontiert, dieser Prozess umfasst im Großen und Ganzen 4 Wege des WPA2-Sicherheitsprotokolls.

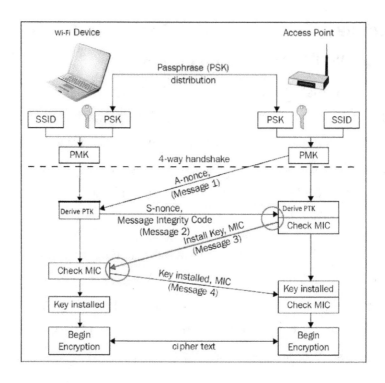

Das Programm, das sich hinter diesem Akronym verbirgt, wird als "Key Reinstallation Attack" definiert. Es ist eine der verheerendsten Formen des Hackings, da es nicht nur den Datenverkehr in einem WiFi-Netzwerk untersucht, sondern auch für das Fälschen und Verteilen von Paketen verantwortlich ist, was dazu führt, dass es bei 41 % der Benutzer effektiv ist.

WiFite WiFi-Netzwerk-Cracker

Ein Tool wie WiFit Wireless Auditor, hat seine Zeit gebraucht, um sein Design seit 2011 zu verbessern, hat aber die Version 2 (r85) erreicht, ist ein wichtiger Beitrag zum Test, um jede Art von WiFi-Netzwerk zu beeinflussen, hat ein Design für Linux, sowie auf BackBox, Pentoo, Blackbuntu und auch Backtrack 5 getestet zu werden.

Ein zweifelhafter Aspekt ist, dass es nicht unterstützt wird, aber es ist verlockend, sein Potenzial zu messen, weil es eine angepasste Funktion bietet, die die Automatisierung erleichtert, es braucht nicht viele Argumente oder Erklärungen, es wird sofort zu einem Standardprogramm, um Wireless Auditing durchzuführen.

Sie müssen jedoch die Anforderungen dieses Programms berücksichtigen, zu denen Folgendes gehört:

1. Python 2.6.X oder Python 2.7.X.
2. Gepatchter Wireless-Treiber, um den Monitor-Modus zu erzeugen, zusammen mit der Injektion, da die Sicherheitsdistributionen vorgepatchte Wireless-Treiber haben.
3. Habe die aircrack-ng 1.1 Suite installiert.

4. Lassen Sie Reaver zur Unterstützung installiert, damit der Angriff auf WPA2-Netzwerke stattfinden kann, dies wird durch WPS ermöglicht.

Wenn alle diese Voraussetzungen erfüllt sind, ist der nächste Schritt das Herunterladen und Installieren der Anwendung, für die Berechtigungen erteilt werden müssen, um ihre Ausführung zu erleichtern, dies wird durch den Befehl "chmod +x wifite.py" ausgedrückt, bis die Anwendung ausgeführt wird, im Zweifelsfall ist es am besten, die Option "Hilfe" aufzurufen.

Das Wesentliche ist, dass Sie Affinität für die Anwendung von Filtern und anderen Funktionen zum Zeitpunkt des Scannens haben können, aber im Allgemeinen ist seine Entwicklung einfach, einmal gestartet, ist verantwortlich für das Scannen jedes der Netzwerke automatisch, liefert Informationen über die verfügbaren Kanäle, ist eine Wartephase, bis es endet.

Während des Scanvorgangs müssen Sie die Tastenkombination STRG+C drücken, dann verlangt das Programm selbst die Netzwerknummer, die Sie überprüfen möchten, und dann kümmern sich die Funktionen um die Bereitstellung des WiFi-Netzwerkschlüssels, weshalb es als ein Programm eingestuft wird, das die Erwartungen aller erfüllt.

In WPA2-Netzwerken, in denen WPS aktiviert ist, funktioniert dieses Programm großartig, aber für die Sicherheitsstufe hat es eine langsame Entwicklung, aber es ist mit der Reaver-Datei verbunden, da mehr Versionen präsentiert werden, erhalten Sie eine Lösung für jeden Hacking-Plan.

Hacken von WiFi-Netzwerken mit Wifimosys

Die Tools zum Hacken von WiFi-Netzwerken werden immer einfacher zu benutzen, eines davon ist Wifimosys, es wurde als eine Art Linset 2.0 betrachtet, es ist ideal für diejenigen, die nicht viel Wissen in Informatik haben, es ist ein großartiger Start, um WiFi-Netzwerke anzugreifen, da es eine ideale Schnittstelle hat.

Der Zweck dieses Tools ist derselbe wie bei Linset, nämlich die Ableitung aus der Installation von Wifislax, und dazu müssen Sie die folgenden Schritte durchführen:

- Öffnen Sie Wifimosys, über Start/Wifislax/WPA/Wifimosys.

```
##############################################################
#                                                            #
#            WIFIMOSYS 0.22 by Absolut Vodker                #
#                   WIFI MOron' SYStem                       #
#                                                            #
#  Basado en LINSET de vk496 para seguridadwireless.net      #
#                                                            #
##############################################################


Elige escaneo de canal(es):

1) Todos los canales
2) Canal(es) específico(s)
3) Salir

#>
```

- Starten Sie das Werkzeug, das die WiFi-Antenne in den Überwachungsmodus versetzt.

- Ausführung des Suchlaufs, um die verfügbaren Kanäle zu finden.

- Sobald die WiFi-Netzwerke gefunden wurden, müssen Sie als Nächstes die Tastenkombination STRG+C drücken.

```
                    LISTADO DE REDES

 Nº   MAC                 CANAL  TIPO    PWR     NOMBRE DE LA RED

 1 *  ....  ...........     1    WPA2    63%     ...........
 2    ..:....... ......     7    WPA2    73%     .....  ......
 3    ............ ...      7    WPA2    0%      Nombre oculto
 4    ............. ...    13    WPA2    106%    MiSO
 5    .......... .....)     9    WPA2    98%     ..............
 6 *  ................      9    WPA2    70%     ...........
 7 *  ............ .....    9    WPA2    70%     CLARYC
 8    ...............       9    WPA2    0%      ......  ......
 9    .......... ......     9    WPA2    60%     ...........

 (*) En rojo: redes con posibles clientes activos

 Selecciona el nº de la red a atacar...
 (Para reescanear pulsa r Para salir pulsa x)

 #> 4
```

Sobald das Netzwerk identifiziert ist, ist es an der Zeit, die Erfassungsfunktion auszuführen. Drücken Sie einfach die Eingabetaste, damit der Prozess automatisch abläuft.

Jumpstart für das Hacken von WiFi-Netzwerken von Windows aus

Der Betrieb von Anwendungen oder Programmen, um WiFi-Netzwerke von Windows zu hacken, ist eine Voraussetzung angesichts der großen Anzahl von Benutzern, die dieses Betriebssystem haben, ist die Lösung von Jumpstart zusammen mit Dumpper zu denken, obwohl sein Betrieb nicht ganz genau ist, ist es eine große Hilfe zu versuchen, das WiFi-Netzwerk zu brechen.

Um Zugriff auf die Nutzung dieses Tools zu haben, müssen Sie es zunächst herunterladen, aber Sie müssen den Dumpper entpacken, damit der Zugriff gewährleistet werden kann, obwohl seine Funktion nur dann zum Tragen kommt, wenn eine Schwachstelle auf der WPS vorliegt.

Deshalb sendet das Programm selbst die nahegelegenen Netzwerke, und erlaubt es, die Option zu drücken, um den Pin dieser Netzwerke freizulegen, nur die, die erscheinen, müssen gespeichert werden, an diesem Punkt ist die Hilfe einer externen Antenne berüchtigt, so dass die JumStart ausgeführt werden kann, um die dritte Option der Eingabe der Pin fron my Access point zu starten.

Es ist notwendig, einen Pin des ausgewählten Anschlusses einzufügen, es ist wichtig, diesen Schritt unter einer strengen Reihenfolge durchzuführen, dann in der unteren Zone ist die Option Automatically select network, dies ist destilda und drücken Sie next, um mit der Auswahl des Anschlusses fortzufahren, um zu sehen, ob der Prozess erfolgreich war, das Speichern der erhaltenen Daten.

Manchmal ist es notwendig, mehrere Versuche durchzuführen, zusätzlich zum Abwechseln mit verschiedenen Netzwerken, ist es besser, jeden der Pins zu verwenden, falls es nicht beim ersten Mal funktioniert, das Wesentliche ist, zu versuchen, bis es sich verbindet.

Entschlüsseln des WiFi-Schlüssels auf einem Mac

Eine Methode, die mit einem Mac-System kompatibel ist, ist das Programm KISMAC, das hilft, das Hacken des WiFi-Netzwerks durchzuführen, es basiert auf einer Funktion, die eine lange Geschichte hat, dafür müssen Sie das Programm installieren und dann seine Funktionen ausführen, dann, wenn es installiert ist, müssen Sie zur Option Einstellungen gehen und dann auf Treiber klicken.

Capture devices
USB RT2570 device

remove   Apple Airport or Airport Extreme card, ac ⇕   add

Channel Hopping

☑ Channel 1   ☑ Channel 8
☑ Channel 2   ☑ Channel 9
☑ Channel 3   ☑ Channel 10
☑ Channel 4   ☑ Channel 11
☑ Channel 5   ☑ Channel 12
☑ Channel 6   ☑ Channel 13
☑ Channel 7   ☑ Channel 14

All   None

Start Channel: 1

Injection

☑ use as primary device

Dump Filter

• No dumping
○ Keep everything
○ Data only
○ Weak frames only

Save Dumps At

~/DumpLog %y-%m-%d %

Dann müssen Sie den Capturer auswählen, dies ist verantwortlich für die Nutzung einiger Lücke, und in "hinzufügen",
die Aktion einer externen WiFi-Antenne enthalten ist, vor der
Kanalauswahl, ist es am besten, alle zu wählen, und schließen Sie dann die Einstellungen Fenster, das nächste, was
ist, um Start-Scan durchführen, wo der Super-Administrator
den Schlüssel zum Verbinden zur Verfügung stellt.

Diese Art von Prozess ist sehr viel zeitaufwändiger, so dass
es besser ist, andere Aktivitäten verwalten zu lassen, da es
notwendig ist, einen Austausch von 150.000 Paketen ab-
zuschließen, der Teil der Enthüllung des HandShake ist, und
das Auffinden der Netzwerke, die nicht gefunden werden
konnten.

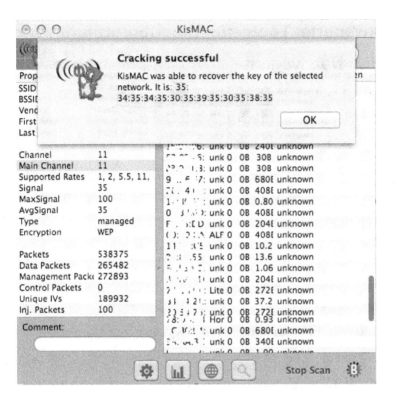

Cracking successful

KisMAC was able to recover the key of the selected network. It is: 35:
34:35:34:35:30:35:39:35:30:35:38:35

OK

Channel	11	
Main Channel	11	
Supported Rates	1, 2, 5.5, 11,	
Signal	35	
MaxSignal	100	
AvgSignal	35	
Type	managed	
Encryption	WEP	
Packets	538375	
Data Packets	265482	
Management Packe	272893	
Control Packets	0	
Unique IVs	189932	
Inj. Packets	100	

Comment:

Stop Scan

Sobald der Handshake entdeckt wird, wird das WPA-Wörterbuch geladen, wenn es gefunden wird, ist das Programm selbst für die Durchführung des Angriffs verantwortlich, dieses Tool ist einfach und effektiv zu verwenden, um WiFi-Netzwerke zu hacken, es ist eine Möglichkeit für einen Mac, diesen Prozess durchzuführen.

Erweiterte Tools für die Überprüfung von WiFi-Netzwerken

Derzeit gibt es verschiedene Tools, um eine Inspektion von WiFi-Netzwerken durchzuführen, solche Systeme werden verwendet, um Schlüssel zu enthüllen, wie bereits erwähnt, sind diese Funktionen für jedermann mit nur einer Vorinstallation verfügbar, ebenso wie der Zugang von verschiedenen Systemen.

Eines der am weitesten verbreiteten Tools, um WiFi-Netzwerke zu knacken, ist der WiFi-Netzwerk-Scanner, es ist eine Anwendung, die sowohl für Android als auch für iOS verfügbar ist, ebenso kann die Verwendung auf Computern für die meisten bequemer sein, die Einfachheit dieser Installation öffnet alle Türen, um über diese Alternative nachzudenken.

Jeder Access Point in der Umgebung wird erkannt, was bedeutet, dass Sie Daten, Signalpegel oder -stärke, Verschlüsselung und die MAC-Adresse des APs haben können, ein Vorteil gegenüber schwachen Sicherheitsprotokollen wie WEP, und dasselbe gilt für WPA.

Im Falle der Verwendung von Betriebssystemen wie Windows, die beste Wahl als Scanner ist Acryl WiFi, ist ein professioneller Modus für die Durchführung der Erstellung von Skripten, diese eines der verschiedenen Werkzeuge, die zu einem mobilen Einsatz zu erweitern, es hängt alles von der Art und Weise, die mehr praktisch ist.

Die Informationen, die der Scanner liefert, helfen dabei, ein Netzwerk zu hacken. Wenn Sie diese Schritte von einem Android-Gerät aus durchführen wollen, ist WiFi Analyzer eine großartige Lösung, da es über einen freien Modus verfügt, der für den Zugang zum 2,4-GHz- und sogar zum 5-GHz-Band nützlich ist.

Für eine Verwendung über iOS-Geräte können Sie Network Analyzer Pro herunterladen, obwohl es keine kostenlose Option ist, aber das bedeutet, dass es erweiterte Funktionen bietet, es markiert einen großen Unterschied im Gegensatz zu einigen Android-App.

Zu den wichtigsten Tools zum Eindringen in WiFi-Netzwerke gehören die folgenden:

- **WirelessKeyView:** Dabei handelt es sich um ein Tool, das einen positiven Nutzwert hat, kostenlos ist und dafür zuständig ist, eine Liste von WEP-,

WPA2- und WPA-Schlüsseln neu zu erstellen, und zwar mit allen Daten, die auf dem Computer gespeichert sind.

- **Aircrack-ng:** Hierbei handelt es sich um eine Suite von Open-Source-Anwendungen, die jeweils zum Hacken von WEP- und WPA/WPA2-Schlüsseln konzipiert sind. Sie ist mit jeder Art von System kompatibel und ihre Funktionen sind umfangreich.

Neben diesen Tools sind Wi-Fi-Sniffer eine viel effizientere Methode, um Informationen über APs zu erhalten. Sie halten die Pakete fest, die über das Netzwerk ausgetauscht werden, und diese Verkehrsdaten können in die oben genannten Tools importiert werden.

Auf dem Mobiltelefon gespeicherte WiFi-Passwörter entschlüsseln

Die Eingabe von bestimmten WiFi-Netzwerk-Passwörtern auf dem Handy, kann in der Zukunft Unannehmlichkeiten mit sich bringen, wie z.B. sie zu vergessen, oder zu diesem Ort zurückkehren zu wollen und das Passwort auf einer anderen Art von Gerät einzugeben, in diesem Szenario ist es möglich, den Schlüssel zu entschlüsseln, sowohl Android- als auch Apple-Geräte.

Jedes Gerät speichert eine unendliche Menge an Daten, in der Mitte der Informationen befinden sich die WiFi-Netzwerkzugänge, da diese Art der Speicherung es ihnen ermöglicht, sich automatisch zu verbinden.

• **Für nicht verwurzelte Android-Mobilgeräte**

Einer der Vorteile der modernen Android-Systeme wie; Android 10 oder Android 11, ist es viel einfacher, die Tasten zu sehen, ohne die Notwendigkeit für Root, um dies zu tun, müssen Sie nur das Netzwerk durch den QR-Code zu teilen, so dass die Informationen durch diese Art und Weise komprimiert wird, wo ist auch das Passwort.

Durch diese Art und Weise, das System selbst erzeugt einen QR-Code, so dass von einem anderen Gerät gescannt werden kann, für diese können Sie Anwendungen für diese Funktion entwickelt, auf verschiedenen Geräten nicht brauchen, um etwas herunterzuladen, weil das System selbst enthält es, wobei Teil von Marken wie Xiaomi, Samsung und andere.

Die Erstellung des QR-Codes erfolgt durch einen einfachen Vorgang wie folgt:

1. Geben Sie die Einstellungen des Mobiltelefons ein.
2. Navigieren Sie zu den WiFi-Verbindungen und suchen Sie das Netzwerk, dessen Kennwort Sie wiederherstellen oder kennen möchten.
3. In den Optionen, die in diesem Netzwerk angezeigt werden, müssen Sie nach dem QR-Code-Symbol suchen, wenn Sie darauf klicken, wird ein Bild mit dem Code erstellt.
4. Das übertragene oder erzeugte Bild muss erfasst werden, um den QR-Code zu speichern, in der Mitte dieser Information ist neben dem Passwort auch der Name des WiFi-Netzwerks, die sogenannte SSID, enthalten, nach der Sie gerade suchen.
5. Für den Fall, dass Sie kein mobiles Gerät haben, mit dem Sie keinen QR-Code erzeugen können, können Sie den QR-Code mit Google Lens erfassen. Dieses Tool öffnet sich, wenn Sie den Google Assistant drücken, und in einem Quadrat mit einem Punkt wird die QR-Code-Erfassung in die Galerie aufgenommen.

Dies vervollständigt eine sehr einfache Methode, verglichen mit dem, was beim Verwurzeln eines Mobiltelefons involviert ist, da jeder Zustand des Mobiltelefons die Bedingungen oder Prozesse zum Finden des Passworts wachsen lässt.

- **Entschlüsseln von WiFi-Schlüsseln durch gerootete Handys**

Jedes Android-Telefon speichert standardmäßig jeden der WiFi-Netzwerkschlüssel, so dass Sie leicht auf diese Daten zugreifen können. Es besteht keine Notwendigkeit, Daten aufzuschreiben, falls sie verloren gehen, daher ist es wichtig, diese Art von Informationen über das verwurzelte Gerät zu erhalten.

Ein verwurzeltes Mobiltelefon zu haben, bedeutet, dass Sie Zugriff auf jeden Datensatz haben können, dies schließt die Ausgabe von Passwörtern ein, dies ist nicht einfach, da es die Sicherheit des mobilen Geräts beeinträchtigt, aber es ist eine umfassende Verwaltung des Mobiltelefons, die es Ihnen ermöglicht, verschiedene Apps zu verwenden, die mit dieser Bedingung kompatibel sind, wie zum Beispiel die folgenden:

1. **WiFi Key Recovery**

Diese Anwendung implementiert eine ebenso einfache Methode wie die vorherige, Sie haben Zugriff auf die gespeicherten Netzwerke, um die Optionen zu finden, mit denen Sie sich jemals verbunden haben, so dass Sie nur das Netzwerk auswählen müssen, das von Interesse ist, so dass Sie auf die Option klicken können, um den Schlüssel zu teilen, den QR-Code zu erstellen oder ihn an einen Freund zu senden.

- **Erkennen von WiFi-Netzwerkschlüsseln mit Root und Datei-Explorer**

Bei einem Gerät mit Root-Zugriff gibt es auch die Möglichkeit, das WiFi-Passwort über den Datei-Explorer wiederherzustellen, dies kann in der Regel ein Root-Browser lesen, dafür müssen dem Root Rechte erteilt werden, um jede der Dateien erkunden zu können.

Die Suche nach den Dateien, in denen sich die Schlüssel befinden, muss mit dem Befehl data/misc/wifi durchgeführt werden, bis man die Datei wpa.supplicant.conf findet. Sie muss mit einem Texteditor geöffnet werden, dann muss sie ausgeführt werden, um die WiFi-Netzwerke zusammen mit den Passwörtern zu beobachten und die gesamte Verbindungshistorie der Vergangenheit zu finden.

• Tastensuche über iOS

Das Beobachten von Passwörtern in iOS-Systemen ist möglich, allerdings kann das Aufspüren dieser WiFi-Netzwerke im Vergleich zu Android komplizierter sein, dazu benötigen Sie ein macOS, zusätzlich muss das iPhone direkt in iCloud synchronisiert sein.

Zuerst muss unbedingt iCloud aktiviert werden, dazu muss man in die Einstellungen gehen, dann zu Apple ID, bis man den iCloud-Schlüsselbund findet, damit man prüfen kann, ob alles aktiviert ist, wobei diese Schrittfolge von der Art der iOS-Version abhängt, mit der der Vorgang durchgeführt wird.

Sobald iCloud aktiviert ist, ist es an der Zeit, zurück zu den Einstellungen zu gehen, in diesem Bereich können Sie die Option "Internetfreigabe" berücksichtigen, jetzt ist der Prozess auf den Mac gerichtet, um die Wiederherstellungsaktion durch diese Schritte auszuführen:

1. Verbinden Sie den Mac-Computer mit dem Access Point, dies geschieht über das iPhone und die WiFi-Menüoptionen.
2. Während der Synchronisierung wird jedes der auf dem iPhone gespeicherten Kennwörter mit dem Mac-Computer verknüpft.
3. Sobald Sie sich auf dem Mac-Computer befinden, ist es an der Zeit, die Schlüsselbund-App zu öffnen.
4. Sie müssen zur Option "System" gehen, die sich im oberen linken Teil des Fensters befindet.
5. Es ist an der Zeit, auf die Option "Passwörter" zu klicken, die sich auf der linken Seite des Bildschirms befindet.
6. Wenn Sie die obige Option wählen, werden alle Netzwerke angezeigt, die mit dem iPhone verbunden sind, und Sie können dann das Netzwerk auswählen, das Sie entdecken oder testen möchten.

7. Klicken Sie anschließend auf die Option "Passwort anzeigen".

8. Das Programm fragt sofort nach dem Benutzernamen
   und dem Passwort, damit können Sie als Administrator
   agieren, bis das gesuchte Passwort vergeben ist.

Alternativen zum Hacken von WiFi-Netzwerken

Die Kontrolle oder Verwundbarkeit von WiFi-Netzwerken, ist
unter einer Vielzahl von Programmen für diesen Zweck
entwickelt, einer der beliebtesten mit einer großen Anzahl
von Downloads derzeit sind die folgenden:

- ## WiFi WPS WPA Tester

Es ist ein sehr implementiertes und einfaches Hacking-Tool
für Android, seine ursprüngliche Idee ist die Wiederherste-
llung von verlorenen Schlüsseln von WiFi-Netzwerken, seine
Verwendung basiert auf der Implementierung eines Wörter-
buchs, um den Typ des Schlüssels herauszufinden, der mit
diesem Netzwerk kompatibel ist, es ist kein Algorithmus, der
direkt für rechtliche Fragen angreift.

Die Operation stützt sich auf die Standardinformationen der Router-Hersteller, diese Konfiguration wird maximal ausgenutzt, indem die 13 Versuche, das Passwort des WiFi-Netzwerks zu finden, getestet oder verwendet werden, wobei die Informationen oder Daten dieser beliebten Modelle verwendet werden.

• Kain & Abel

Dieser Weg ist unverzichtbar, wenn es um Hacking geht, es ist kurz als Cain bekannt, es hat eine große Macht auf Windows verwendet werden, es ist spezialisiert auf das Laden von Paketen, um eine tiefe Suche durchzuführen, wodurch es auch in der Lage zu knacken, mit verschiedenen Passwort-Hashes.

Es werden Sniffing-Techniken verwendet, ohne die Aktion der Kryptoanalyse zu vernachlässigen, es ist eine Begleitung von Brute-Force- sowie Wörterbuchangriffen, das Tool bricht eine Fähigkeit, Passwörter von WiFi-Netzwerken zu erfassen und zu erhalten, indem es die Protokolle untersucht, die in der Übertragung sind.

Es ist unvorstellbar, welche Datenmenge bei der Arbeit mit diesem Tool erhalten werden kann, anschließend findet jeder bei der Verwendung von Cain Schwachstellen über die Sicherheit des WiFi-Netzwerks, jeder Aspekt wird vom Tool aufgedeckt, im Prinzip mit einer informativen Ausrichtung, und kann als Hinweis zum Hacken verwendet werden.

- ## Kismet

Es ist ein Packet-Capture-Tool, es basiert auf einem Hacking-Mechanismus, es manifestiert die Fähigkeit, alle Arten von Aspekt auf dem Netzwerk zu analysieren, ist seine Haupt-Implementierung auf die Eindringlinge, die diese Art von Verbindung durchstreifen festgestellt, jede Funktion geht Hand in Hand mit der WiFi-Karte.

Der rfmon-Modus unterstützt die Überwachung über jedes Netzwerk, egal ob sie versteckt sind, da er die drahtlosen Netzwerkprotokolle hervorhebt: 802.11a, 802.11b, 802.11g und sogar 802.11n, seine Verfügbarkeit ist auf Betriebssystemen wie Linux, Windows und BSD, so dass es ausgeführt werden kann.

- ## Airsnort

Die Aktion auf verschlüsselte WiFi-Netzwerke, ist eine Realität durch dieses Tool, sein Eingriff ist passiv, es wird auf

WiFi-Verbindungen gestartet, um die Pakete zu beschlagnahmen, um den Verschlüsselungsschlüssel des Netzwerks in nur wenigen Sekunden zu erhalten, diese Funktionen sind ähnlich denen von Aircrack.

Der Unterschied dieses Tools mit dem Rest, basiert auf seiner Schnittstelle, weil seine Verwaltung ist offener für jeden Benutzer, so gibt es kein Problem, um mehr Kontrolle über das Programm zu nehmen, sein Download ist kostenlos und verfügbar für Windows und Linux.

- ## **NetStumbler**

Es stellt eine ideale Alternative für Windows dar. Der Zweck ist, dass diese Anwendung einen Access Point erkennen kann, sie ist auch dafür ausgelegt, viel weitergehende Funktionen in Netzwerken auszuführen, die falsch konfiguriert sind, in der Mitte eines Netzwerks gibt es eine Vielzahl von Möglichkeiten.

Die Version dieses Tools ist kostenlos und verfügt sogar über einen minimalistischen Modus als MiniStumbler, dieser ist als Dienstprogramm für jede Art von Windows-Benutzer enthalten.

- ## **Airjack**

Wenn Sie über die Hacking-Aktion hinausgehen wollen, ist dieses Tool eine großartige Antwort, um diesen Schritt zu machen. Seine Funktion ist die Injektion von Paketen in jede Art von Netzwerk, wodurch die Daten extrahiert werden, um diese Schwachstellen maximal auszunutzen und Zugang zu Netzwerkressourcen zu generieren.

Die Verwaltung dieser Art von Tool ist hervorragend, auch wenn es zunächst dazu dient, die Sicherheit eines WiFi-Netzwerks zu messen und auf die Injektion falscher Pakete zu reagieren, ist es ein notwendiger Download für diese Art von Zweck.

- **inSSIDer**

Jedes Detail über ein WiFi-Netzwerk kann dank dieses Tools aufgedeckt werden, nicht nur Hacking-Funktionen, sondern auch ein kompletter Scanner, um auf das drahtlose Netzwerk in der entsprechenden oder gewünschten Art und Weise zu agieren, sein Design erfüllt eine Vielzahl von Aufgaben, wie z.B. das Hervorheben der Access Points jedes WiFi-Netzwerks.

Andererseits wird das Signal überwacht, so dass jeder Datensatz erfasst wird, um die Daten der Funkkarte zu verfolgen, was eine der wichtigsten Funktionen dieses Systems ist.

- ## CowPatty

Es ist eine Option, die für Linux-Systeme verfügbar ist, es ist verfügbar, um Audits über die Sicherheit des WiFi-Netzwerks durchzuführen, dies ist eine der am meisten für diesen Zweck verwendet, seine Ausführung oder Aktion basiert auf einer Reihe von Befehlen, wo die Verwendung von Wörterbüchern zusätzlich zu Brute-Force ausgeführt wird, um alle Arten von Sicherheit zu brechen.

Wenn es um Sicherheitssysteme für WiFi-Netzwerke geht, ist das Üblichste, dass es positive Ergebnisse bei WEP- und WPA-Systemen hat, also können Sie dieses Tool herunterladen, um von diesen Aspekten zu profitieren.

- ## Wepttack

Der Einsatz dieser Tools macht auch vor Linux nicht halt, und zwar dort, wo sie am effektivsten sind. Das ist der Fall dieser Anwendung, sie wird verwendet, um eine exklusive Domäne auf diesem Ökosystem zu haben, obwohl ihre Aktion nur auf WEP-Verschlüsselung spezialisiert ist und diese Art von Angriffen mittels Wörterbuch verwendet.

Der zentrale Nutzen dieses Programms ist es, den Überblick über die Sicherheit zu behalten, was dazu führt, dass das

Passwort auf der Studie dieser Netzwerke erhalten werden kann, ist sein Zweck, eine große Antwort auf einige Vergesslichkeit dieser Art zu sein, ist ein gründliches Programm in jeder Hinsicht, sondern auch für Hacking-Zwecke nützlich.

Wie man WiFi-Netzwerk-Passwörter nach Firmen entschlüsselt

Einer der wichtigsten oder einfachsten Aspekte, die ausgenutzt werden können, um WiFi-Netzwerke zu hacken, ist das Unternehmen, d.h. der Internet-Betreiber ist als eine Schwachstellen-Variable bekannt, die eingehend untersucht werden kann, um den Angriff durchzuführen, auch abhängig von der Art des Unternehmens ändert sich der Prozess, so dass es nützlich ist, einen nach dem anderen zu kennen.

- ## Jazztel WiFi-Tasten entschlüsseln

Die Abbildung eines Jazztel-Routers, ist ein technologisches Hilfsmittel, das maximale Sorgfalt erfordert, da es ein breites Maß an Verwundbarkeit hat, wenn das standardmäßig eingebaute Passwort nicht geändert wird, bedeutet es nur, dass viele Angriffe entstehen werden, weil jeder in der Lage sein kann, diese Sicherheit anzugreifen.

Um zu prüfen und jede Gelegenheit zu nutzen, laden Sie einfach Router Keygen herunter, dann müssen Sie nur seine Funktionen starten, dann dauert der Prozess mehr als 2 Sekunden, auch wenn Sie das Netzwerkpasswort geändert haben, können Sie Auditing-Systeme wie WifiSlax oder Wifiway verwenden.

Diese Art der Verbindung bietet keinerlei Garantie, die Entschlüsselung des Schlüssels erfolgt schnell, außerdem verfügen die meisten dieser Netzwerke nicht über eine WPA2-Verschlüsselung, d.h. die Auditing-Systeme arbeiten effektiv, wenn kein Passwort festgelegt wird.

Um jede Art von Angriff durchzuführen, wird empfohlen, dass jeder Benutzer versucht, ein komplexes Passwort festzulegen, da es bei Kombinationen aus Großbuchstaben, Kleinbuchstaben und Symbolen sehr schwierig ist, die Passwörter zu entschlüsseln.

• ONO-Firmenpasswörter entdecken

ONO-Netzwerke können ein Ziel für Hacker sein, es ist besser, sich für Systeme wie Wifislax zu entscheiden, da es eine große Erfolgsspanne hat, dies hilft, jede Art von Schwachstelle maximal auszunutzen, obwohl durch Android auch die Möglichkeit besteht, einen Hack auszuführen.

Mit der ONO4XX FREE Android-Anwendung können Sie ein WiFi-Netzwerk angreifen, Sie brauchen nur einen Download, um diesen Schritt auszuführen. Allerdings ist sie nicht so leistungsfähig wie Wifislax, denn der Android-Modus entschlüsselt nur alte ONO-Router-Schlüssel oder solche, die WEP- oder WAP-Schlüssel haben, bis zu den Standardschlüsseln.

Um zu erkennen, dass es sich um die Firma ONO handelt, müssen Sie die SSID identifizieren, die normalerweise eine Nomenklatur wie die folgende hat:

1. ONOXXXXXXXX
2. ONOXXXX
3. ONOXAXA

Diese Art von Studie ist nützlich, wo die ONO4XX FREE App ist verantwortlich für die Ausbeutung der ONO-Router-Schlüssel, die die SSID ONOXXXXXX, dh nicht besitzen Buchstaben, aber diese Beschreibung, weil es bedeutet, dass sie eine alte Sicherheit, die auch eine durchschlagende Wirkung die Art der MAC, wie es erforderlich ist, um mit zu starten haben:

1. E0:91:53
2. 00:01:38

Aber wenn das Netzwerk nicht mit diesen Details kompatibel ist, können Sie immer noch versuchen, die Sicherheit des WiFi-Netzwerks zu brechen, weil der ONO-Router hat große Schwäche für die Aktion von Wifislax, weil der Algorithmus, der das ONO-Passwort hat, wurde auf die meisten Hacking-Designs durchgesickert.

ONO gilt als einer der sicheren Betreiber, überlässt aber bestimmte Sicherheitskriterien den Angriffsabsichten. Obwohl dieses Unternehmen derzeit über Vodafone steht, bieten seine Netgear-Router eine akzeptable Leistung, aber ohne die Grundkonfiguration sind sie immer noch leicht angreifbare Netzwerke.

- ## Movistar WiFi-Netzwerk-Passwörter entschlüsseln

Movistar WiFi-Router werden als einer der am einfachsten zu hackenden eingestuft, und seine SSID ist sehr leicht zu verifizieren, und in den meisten Städten ist ein gemeinsamer Dienst, dazu kommt eine lange Liste von Android-Apps, die die Entschlüsselung der Schlüssel solcher Netzwerke ermöglichen.

Movistar als einer der zu berücksichtigenden Betreiber, die Hacking-Möglichkeit basiert auf der seriellen Konfiguration ihrer Router, denn wenn das WPS aktiviert ist, verkompliziert es alles, so dass die Verwendung der Androdumpper-Anwendung, sowie das Wifislax-Programm ein optimales Ergebnis hat, um das gewünschte Passwort zu behalten.

Es ist sehr schnell, den WiFi-Netzwerkschlüssel herauszufinden, denn je länger es dauert, WPS zu deaktivieren, desto größer ist die Chance, Zugang zum WiFi-Netzwerk zu erhalten, besonders wenn keine Schlüssel mit hoher Dichte eingerichtet sind.

• Vodafone WiFi-Netzwerk-Passwörter entschlüsseln

In einer Zeitspanne von 2014 bis 2015 waren die WiFi-Netzwerke von Vodafone kein Hindernis für jegliche Hacking-Zwecke, da die Informationen vollständig durchgesickert sind, wodurch der verwendete Algorithmus der gesamten Online-Community bekannt ist, so dass jeder Benutzer, der einen Router vor 2015 besitzt, ein durchschlagendes Risiko darstellt.

An jedem Ort, an dem es einen vorbestimmten Schlüssel gibt, ist es einfach, WiFi-Netzwerke zu hacken, die Verwundbarkeit ist ein Faktor, der nicht übersehen werden kann, da Programme wie Router Keygen den Algorithmus dieser Firma hat, obwohl mit Routern, die neu sind, der Hacking-Prozess kompliziert wird.

Der beste Weg, um ein WiFi-Netzwerk dieser Firma zu entschlüsseln, ist durch das Kali Linux-Tool, zusammen mit seiner Anwendung "WifiPhisher", wobei es sich um eine fortgeschrittene Hacking-Methode handelt, durch diese Methoden wird eine Vielzahl von Angriffen verwaltet, die Aktion von WifiPhisher basiert auf der Erstellung eines gefälschten Zugangspunktes.

Da die Aktion des Vodafone-Routers blockiert werden kann, damit der Benutzer sein Passwort herausgeben kann, wird der Kalk für einen bösartigen Zweck entschlüsselt, diese Art der Erlangung ist Teil der Macht von WifiPhisher, der das neue Passwort erwirbt, für sie sind Pop-ups ein Köder, um dieses Passwort zu erreichen.

Eine solche Methode funktioniert auffallend gut über ein anderes Netz, denn Vodafone ist nicht das einzige Unternehmen, das durch die durchgesickerten Daten in Gefahr ist, gehackt zu werden.

- ## Erhalten Sie WiFi-Netzwerkschlüssel mit Orange

Für diejenigen, die einen Orange WiFi-Schlüssel entschlüsseln wollen, gibt es viele Möglichkeiten, diesen Vorgang durchzuführen. Eine der bekanntesten ist die Android-Anwendung PulWifi, sie basiert auf einem einfachen Mechanismus, der es erlaubt, die Netzwerke, die anfällig sind, in grün zu beobachten.

In der Mitte der Analyse dieser Anwendung, in roter Farbe sind diejenigen, die nicht möglich sind, zu hacken, ist dies aufgrund der Tatsache, dass diese Anwendung das Design mit dem Algorithmus von Orange WiFi-Netzwerke geladen hat, so dass es dominiert die meisten der Tasten, die die Orange WiFi-Router standardmäßig haben.

Um in WiFi-Netzwerke einzubrechen, können Sie hingegen das Tool WirelessCracker einsetzen, da es ähnlich wie Pulwifi funktioniert. Sie müssen nur die SSID-Erkennung ausnutzen, um die Schwachstelle des jeweiligen Unternehmens auszunutzen, im Fall von Orange ist das der anfällige Prozentsatz.

Vorzugsweise hat die Verwendung von Pulwifi bessere Ergebnisse, da es Benachrichtigungen liefert, wenn die Möglichkeit eines Einbruchs besteht, da es sich auf ein WiFi-Netzwerk konzentriert, das es mit Hilfe der gespeicherten Orange WiFi-Passwörter-Informationen effektiv entschlüsseln kann.

- ## Claros WiFi-Netzwerke entschlüsseln

In der Mitte der WiFi-Netzwerke, die Teil von Claro sind, ist der effektivste Ausweg die Verwendung von Turbo WiFi, vor allem als ein nützliches Werkzeug für die große Anzahl von Ländern, in denen Claro tätig ist, angesichts der großen Anzahl von Claro Bereichen, ist dies eine wichtige Lösung, auf der anderen Seite, können Sie den Betrieb von Wifi Unlocker als ein großes Werkzeug für diese zu übernehmen.

Inmitten von Hacking-Versuchen kann die Aktion einer APK hinzugefügt werden, je besser die Strategien eingearbeitet sind, desto bessere Ergebnisse werden präsentiert, denn das WiFi-Netzwerk selbst wird von verschiedenen Fronten angegriffen.

Der beste Weg, WiFi-Netzwerke zu hacken, Schritt für Schritt

Bei den verschiedenen Methoden, die es gibt, um WiFi-Netzwerke zu hacken, hat jede ihre Leichtigkeit oder Kompliziertheit, es hängt alles von den Grundkenntnissen des Benutzers ab, aber das Wichtigste ist zu erkennen, dass jeder Weg, ein Versagen oder eine Vernachlässigung der Sicherheit der Verbindung selbst ist.

Die ersten Schritte zum Hacken eines WiFi-Netzwerks auf allgemeiner Ebene und basierend auf dem Programm Wifislax sind wie folgt:

1. Zuallererst müssen Sie das Wifislax-System herunterladen. Seine Funktion ist die Überprüfung von Computernetzwerken, und es ist sehr nützlich, um Daten dieser Art zu erhalten.

2. Sobald Sie Wifslax heruntergeladen haben, ist es an der Zeit, es auf einen USB-Speicherstick zu übertragen, indem Sie ein spezielles Programm verwenden, mit dem Sie diesen Speicher in ein bootfähiges System umwandeln können.

3. Schließen Sie das USB-Flash-Laufwerk an den Computer an und schalten Sie dann den Computer ein, um den Wifislax-Boot zu starten, ohne dabei Schäden zu verursachen.

4. Sobald Sie Wifislax starten, besteht die Möglichkeit, sich mit diesen auditbasierten Tools in das WiFi-Netzwerk zu hacken.

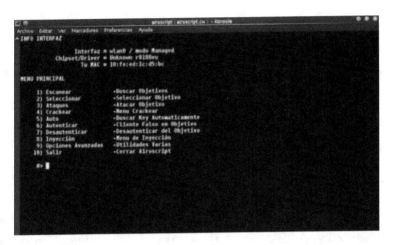

Damit diese Prozedur effizient durchgeführt werden kann, ist es wichtig, einen Computer zu haben, obwohl diese Schritte nicht für einen Apple Mac geeignet sind, aber die wiederholte Anforderung, die als Voraussetzung auferlegt wird, ist die WiFi-Karte, auf der Suche nach der Kompatibilität mit den Audit-Funktionen.

Die Empfehlung, um diese Anforderung abgedeckt zu haben, ist der Alfa Network USB WiFi Adapter, er basiert auf einem

Adapter, der durch einen Chip funktioniert und hilft, die Hacking-Tools voll auszunutzen, als erstes muss der Chip auf dem Computer getestet werden.

Auf der anderen Seite ist die Rolle des USB-Flash-Laufwerks wichtig, da diese 8 GB Kapazität als Empfehlung das System enthalten wird, wodurch jedes der Audit-Tools, die der Schlüssel zum Hacken sind, installiert werden kann, für beste Ergebnisse können Sie eine WiFi-Antenne mit großer Kapazität implementieren.

Diese anfänglichen Schritte sind diejenigen, die es erlauben, jeden Hacking-Plan auszuführen, und die Verfügbarkeit von Wifislax kann 32 oder 64 Bit sein. Um das Pendrive in ein bootfähiges System umzuwandeln, ist es am besten, das Programm UnetBootIn zu verwenden, wo die ISO hinzugefügt wird, aber sobald das Programm installiert ist, ist das Einzige, was noch zu tun ist, seine Tools zu verwenden.

Beim Starten des Programms finden Sie alle verfügbaren Optionen, wo der gleiche Windows-Start erscheint, aber mit einem Linux-Thema, klicken Sie einfach auf "Befehl ausführen", dann ist es Zeit, den Befehl "geminis auditor" einzugeben, dies ist ein Tool, das hilft, jedes verfügbare WiFi-Netzwerk in Reichweite zu scannen.

Die Netzwerke, die in grüner Farbe ausgestrahlt werden, sind zum Hacken zugänglich, um sie anzugreifen, klicken Sie auf die Option zum Angreifen des Ziels, das gleiche Tool bietet zwei Optionen, Sie können beide ausführen, um die Ausgabe des Passworts des WiFi-Netzwerks zu generieren, der Pfad dafür ist "opt/GeminisAuditor".

Dieser Befehl ist für die Erstellung einer Datei mit allen entschlüsselten Passwörtern verantwortlich. Um sie zu nutzen, müssen Sie eine Datei vom Browser aus öffnen, eine andere Art von Werkzeug, das das Programm zur Verfügung stellt, ist Linset, das eine weitere der Funktionen dieses umfassenden Programms ist, das vollständig erforscht werden kann.

Kali Linux: das effektivste Hacken von Netzwerken

Bei der Erwähnung von Methoden zum Hacken von WiFi-Netzwerken ist es unmöglich, ein Betriebssystem beiseite zu lassen, das für diese Funktion entwickelt wurde, deshalb ist es eine der beliebtesten Optionen, es hat auch verschiedene Arten der Installation, es kann auf dem Computer und in der Mitte der Boot-Diskette sein.

Diese Art der Reaktion oder Maßnahme, die auf einem Computer ausgeführt werden kann, bekannt als VMWare, Virtual Box und andere Optionen, speichert eine wichtige Vielfalt von Computerforensik-Tools, unter denen Kismet und Aircrack-ng herausragen, die Pentesting in WiFi-Netzwerken ermöglichen.

Diese Art von System hat einen kostenlosen Modus, seine Web-Unterstützung ist wirklich positiv zu berücksichtigen, und online zirkuliert eine wichtige Vielzahl von Inhalten, um die Arbeit mit diesem Tool von Grund auf zu beginnen, es zeichnet sich durch die Einbeziehung der folgenden Tools:

- **Reaver:** Es handelt sich um eine Aktion, die es ermöglicht, jedes Netzwerk über die WPS zu hacken, insbesondere wenn die PIN aktiviert ist, und die in jenen Netzwerken wirksam ist, die die WPS aktiv halten.

- **Wi-FI-Honig:** Es ist ein Werkzeug, das die Form einer Bienenwabe hat, was den Effekt hat, dass Benutzer angelockt werden, da sie sich mit diesem Zugangspunkt verbinden wollen, sie erwerben diese Daten durch die Implementierung von falschen APs, es ist eine Erfassung dieser Art von Verkehr.

- **FreeRadius-WPE: Es ist** für die Durchführung von Man-in-the-Middle-Angriffen zuständig und eignet sich ideal für die 802.1-Authentifizierung als eines der Ziele.

Lernen Sie, wie man WiFi-Netzwerke mit Aircrack-ng entschlüsselt

Die Verwendung von aircrack-ng muss erklärt werden, weil es eines der besten Tools ist, es hat eine große Funktion oder Leistung, um WiFi-Netzwerke zu hacken, obwohl Sie dafür eine WLAN-Karte haben müssen, ohne beiseite zu lassen, um die Kali Linux-Distribution zu haben, um diese Aspekte zu erfüllen, ist bereit zu sein, die folgenden Aktionen auszuführen:

1. Vorbereitung des Adapters

Es ist eine Phase der Überprüfung über Kali, ist die Identifizierung des Adapters, ist dies möglich durch das Terminal, wo Sie den Befehl ausführen: airmon-ng, dann ist es Zeit, alle eingreifenden Prozess zu deaktivieren, für diese müssen Sie diesen Befehl platzieren: airmong-ng check kill.

Anschließend wird die Überwachung mit dem Befehl: airmon-ng start wlan0 aktiviert, wobei der Schnittstellenname angegeben werden muss, damit der airodump-ng gestartet werden kann, also jede Verbindung untersucht wird.

2. Finden Sie ein Ziel-WiFi-Netzwerk

Wenn Sie die Liste der nahegelegenen Zugangspunkte haben, können Sie die Funktion der Entschlüsselung des Passworts des ausgewählten implementieren, dafür ist es wichtig, die BSSID und CH aufzuschreiben, dann ist es Zeit, die Tasten Crtl+C zu drücken und so den Befehl airodump-ng -c 6 -bssid 02: 08: 22: 7E: B7: 6F - write (Netzwerkname) auszuführen.

3. Deauth-Angriff durchführen

Es ist an der Zeit, ein Terminal zu öffnen, um den Deauth-Angriff zu generieren, so dass jeder Benutzer von diesem Netzwerk getrennt wird, dies schafft ein ideales Szenario, um den Handshake zu erhalten, sobald er erhalten wird, drücken Sie erneut Strg+C.

4. WiFi-Passwörter mit roher Gewalt entschlüsseln

In dieser Phase wird der Schlüssel mit Hilfe von aircrack-ng entschlüsselt, dies sollte dazu führen, dass das Ergebnis KeyFound zurückgegeben wird, es hängt alles von der Komplexität des Schlüssels ab.

Die schnellste Methode zum Hacken von WiFi-Netzwerken

Das Hacken von WiFi-Netzwerken kann auf eine einfache Art und Weise ausgeführt werden. Das wichtigste Trick-Tool, das man im Auge behalten sollte, ist das Programm WiFi Hack 2021 All In One, das als der effektivste Weg angesehen wird, die Sicherheit dieser Verbindung zu durchbrechen, da es ein Programm ist, das mit Windows, MAC und Linux kompatibel ist.

Diese Art von Dienstprogramm kann über Android und iPhone verwendet werden, durch einen Download, der nicht ganz kostenlos ist, dies ist, weil es ein einfacher Prozess ist, und hat echte Ergebnisse, so ist es eine schnelle Lösung, effektiv, aber nicht wirtschaftlich für einige Benutzer auf der Suche nach einem freien Weg.

NetSpot zum Hacken von anfälligen WiFi-Netzwerken

Die Analyse, um ein WiFi-Netzwerk zu hacken, kann mit NetSpot durchgeführt werden, da seine Spezialität darin besteht, sich auf die Art von Netzwerken zu konzentrieren, die ein niedrigeres Sicherheitsniveau haben, d.h. der ganze

Fokus liegt auf denen, die als WEP geschützt und klassifiziert sind, wobei ein großer Unterschied in der Resistenz auf WPA oder WPA2 basiert.

Das Auffinden von Netzwerken, die durch WEP geschützt sind, bedeutet, dass Sie eine einfache Alternative für das Hacken in der Hand haben, denn Sie müssen nur die entsprechende Software installieren, sie wirken lassen und in kurzer Zeit wird das WiFi-Netzwerk entschlüsselt, die Aktion von NetSpot ist wichtig, weil sie eine Entdeckung als Analysemethode anwendet.

In der Mitte der Berichte, die von diesem Tool zur Verfügung gestellt werden, präsentiert es alle Details, die sich auf die benachbarten WiFi-Netzwerke beziehen, es ist eine großartige Einrichtung, um jeden der Namen und Identifikationen der Netzwerke zu sehen, die Ihre Geräte umgeben, bis hin zur Bestimmung des Signalpegels, der Kanäle, die Daten aussenden und auch der Sicherheit.

Wenn ein Netzwerk mit WEP-Sicherheit hervorgehoben wird, ist es an der Zeit, das Wissen über das Hacken dieses Netzwerktyps zu demonstrieren. Die Suche nach diesem

Netzwerktyp wird durch dieses Tool erleichtert, das gleichzeitig dabei hilft, ein Netzwerk zu schützen und die Sicherheitsanforderungen zu bewerten.

So knacken Sie das Standardpasswort des Routers

Die Bedeutung des Routers beruht auf der Tatsache, dass er die Quelle der Verbindungen selbst ist. Diese sind verschiedenen Arten von Malware ausgesetzt, die versuchen, schwache Passwörter auszunutzen, was zum Teil darauf zurückzuführen ist, dass die Benutzer den Router, d. h. seine Website, nicht betreten, um das von ihnen standardmäßig angegebene Passwort zu ändern.

Die Sicherheit einer Verbindung hängt von diesem Schritt ab, das erste, was zu beachten ist, ist die IP-Adresse, da diese für jeden Router unterschiedlich ist, und ist das, was Ihnen erlaubt, die Administrationsschnittstelle desselben zu betreten, diese IP-Adresse ist auf demselben Router auf einem Etikett angebracht.

Aber, diese Art von IP-Adresse kann durch Websites wie routeripaddress.com gefunden werden, wobei eine Quelle von Informationen über einen Router die IP-Adresse, so dass mit ein paar Klicks, haben Sie Zugriff auf diese Art von Informationen, das beste Beispiel kommt nach dem Linksys-Router, die eine gemeinsame Adresse von 192.168.1.1 hat.

Im Fall des Belkin-Routers ist seine Adresse als 192.168.2.2.2 bekannt, so dass Sie auf seine Verwaltungsoptionen zugreifen können:

- -10.0.0.1

- -10.0.1.1

- -192.168.2.1

- -192.168.11.1

- -192.168.0.1

- -192.168.0.227

Durch die Identifizierung des Router-Herstellers ist es möglich, den Konfigurationen auf den Grund zu gehen, was für die Ausnutzung dieser Art von Schwachstellen von Vorteil ist, ebenso wie bestimmte oben erwähnte Tools, die die Entdeckung dieser Daten ermöglichen, was für die Ausnutzung von Unachtsamkeiten wichtig ist.

Das Standardpasswort für den Zugriff auf die Routerkonfiguration ist in der Regel "admin", aber Sie können auch Google verwenden, um den Login-Namen und das Standardpasswort für das Modell und den Hersteller des Routers zu finden, so dass Sie weitere Informationen zum Aufbrechen der Konfiguration erhalten können.

Vorhandene Störungen hinter den Routern

Keine Art von Router ist immun gegen Sicherheitslücken, denn auf der Hardware- und Software-Ebene, insbesondere wenn sie kein aktives Update-System haben, sind sie immer noch anfällig und gefährden das gesamte WiFi-Netzwerk. Mehr als 127 Heim-Router weisen Sicherheitslücken auf, die unglückliche Ergebnisse verursachen.

Um die Verwundbarkeit eines Routers zu bestimmen, ist es notwendig, bestimmte Details zu berücksichtigen, die erste ist das Datum seiner Markteinführung, um die Art der Firmware zu erkennen, die dieses Modell hat, dazu kommt die Zeit, die die Version des verwendeten Betriebssystems hat, auf der anderen Seite sind die Techniken, die der Router hat, um die Täuschung zu mildern.

Auf dem Markt wurde durch Statistiken und Studien festgestellt, dass 46 von ihnen in den letzten Jahren keine Updates erhalten haben, was eine große Schwachstelle für Angriffe aller Art darstellt, ganz abgesehen von den Modellen, die Updates herausgeben, ohne bekannte Schwachstellen zu patchen, so dass es eine große Marge für Hacker gibt.

Die besten Marken, die diese Kriterien erfüllen, sind ASUS und Netgear, während D-Link, TP-Link, Zyxel und Linksys, dies liegt daran, dass die ersten beiden Marken 13 zugängliche private Schlüssel haben, was bedeutet, dass kein Angreifer sie haben kann, während, wenn der Schlüssel in der Firmware ist, ist der Schlüssel auf diesen Modellen vorhanden.

Mehr als 90% der Router verwenden das Linux-System, und diese Art von System wird nicht ständig aktualisiert, nur 5% von ihnen haben eine Update-Unterstützung bis 2022, aber wenn es darum geht, den Kauf eines Routers zu vermeiden, sticht Linksys WRT54GL heraus, da er einer der anfälligsten auf dem Markt ist.

Die Schwäche des oben genannten Modells liegt darin, dass sein Design dem Jahr 2002 entspricht, und einige Benutzer es behalten oder sogar wegen seiner niedrigen Kosten erwerben, so dass die Verwendung eines alten Routers eine erhebliche Gefahr darstellt, daher kann man durch die Kenntnis der Marke des Routers im Voraus die Schwierigkeit des Hackens bestimmen.

Tipps und Voraussetzungen für das Hacken von WiFi-Netzwerken

Sich dem Hacken eines WiFi-Netzwerks zu widmen, ist zweifellos eine zeitaufwendige Aktion, aber damit es keine vergebliche Mühe ist, können Sie die folgenden Empfehlungen befolgen, um einen effektiven Prozess durchzuführen:

- **Prüfen Sie die Kapazität Ihrer Geräte**

Es ist wichtig, die Art der Mechanismen zu berücksichtigen, die Sie haben, um ein Hacking-Tool zu verwenden, da das Vorhandensein einer WiFi-Karte eine wichtige Voraussetzung für einen Prozess mit besseren Ergebnissen ist, für den Fall, dass Sie es nicht haben, was Sie tun können, ist, eine Karte über USB angeschlossen zu haben.

Auf der anderen Seite wird zusätzlich zur WiFi-Karte die WiFi-Antennenfunktion hinzugefügt, um die Möglichkeiten zu erweitern. Mit einem besseren Signal ist die Chance größer, dass ein offener Bereich gefunden wird, oder dass der Prozess erfolgreich generiert wird, ohne die Leistung des Computers oder Geräts zu verlassen, so dass Sie das Hacking ohne Probleme durchführen können.

- **Bevorzugung gegenüber Linux bleibt bestehen**

Obwohl es Programme und Tools für Windows gibt, die das Hacken von WiFi-Netzwerken ermöglichen, ist es am besten, Linux zu verwenden. Es ist nicht notwendig, das Betriebssystem zu ändern, aber Sie können eine bootfähige CD auf dem Computer erstellen, um das Tool von einem grundlegenden Aspekt aus zu verwenden.

Bevor Sie mit dem Hack-Prozess beginnen, können Sie einen Computer einbinden, der diese Anforderungen erfüllt. Idealerweise sollten die Programme mit maximaler Kapazität ausgeführt werden, da sonst, selbst wenn es sich um den richtigen Download handelt, dieser nicht die erwarteten Effekte der Offenlegung eines Schlüssels oder des Angriffs auf ein WiFi-Netzwerk erzeugen wird.

- **Ist der Meinung, dass Cracken nicht legal ist**

Die Praxis des Crackens ist nicht ganz legal, vor allem, wenn Sie beginnen, Datenverbrauch zu generieren, obwohl es eine geringfügige juristische Straftat ist, dh Sie setzen sich nur auf eine Geldstrafe, plus die meisten Tools sind entworfen, um WiFi-Netzwerke zu überprüfen, aber mit seiner Macht, kommen für ein Hacking Ziel verwendet werden.

- **Der Vorteil ergibt sich gegenüber Netzwerken mit niedrigeren Sicherheits-protokollen.**

Beim Hacken von WiFi-Netzwerken sollte das Hauptaugenmerk auf Netzwerke des Typs WEP gelegt werden, da diese einen großen Sicherheitsvorteil bieten, da ihre eigene alte Konfiguration eine Schwachstelle darstellt, die leicht ausgenutzt werden kann.

Was Sie tun können, wenn Hacking-Methoden in Ihren WiFi-Netzwerken verwendet werden

Wenn eines der oben genannten Tools eine Verletzung Ihrer WiFi-Sicherheit verursacht, ist es an der Zeit, über die

Verstärkung jedes schwachen Aspekts des Netzwerks nachzudenken, so dass der Zugang vollständig kontrahiert wird, Immunität gegen Hacking kann nach den folgenden Schritten aufgebaut werden:

- Legen Sie den WiFi-Schlüssel fest. Anstatt den Router als Standard einzustellen, ist es die beste Lösung, ihn anzupassen.

- Ändern Sie den Namen des Netzwerks (SSID). Dadurch wird verhindert, dass der Router-Typ leicht bekannt ist und die Sicherheitslücken dieser Marke ausgenutzt werden können.

- Es verwendet die WPA2-Verschlüsselung, diese Entscheidung oder Maßnahme zielt darauf ab, die Entschlüsselung des Schlüssels mit Hilfe einer Software zu erschweren oder mehr Zeit zu generieren.

- Schränken Sie die Anzahl oder Menge der IP-Adressen ein, diese Zuweisung verhindert die Entstehung von Hacker-Gleichzeitigkeit, eine weitere Möglichkeit ist, einen MAC-Filter auf dem Router zu platzieren.

- Begrenzt die Technologie, die nicht verwendet wird, dies hat mit der Aktivierung von WPS zu tun.

- Es verfügt über eine Firmware, die einem Update unterliegt.

- Es verwendet eine alte Installation, wie z. B. eine Kabelanpassung, die eine viel zuverlässigere Modalität ist.

Die maximale Sicherheit des WPA3-Protokolls

Angesichts des Hackens von WiFi-Netzwerken ist es wichtig, die Sicherheitsprotokolle zu berücksichtigen, die sich in ständiger Innovation befinden, wie es mit der Einführung des WPA3-Protokolls geschah, das für jeden Angriffszweck ein großes Problem darstellt, da die Passwörter komplexer zu knacken sind.

Ein Angriff auf diese Art von drahtlosen Netzwerken ist praktisch unmöglich, es sei denn, man kann eine Interaktion mit dem WiFi-Netzwerk herstellen. Außerdem ist die Verwendung von alten Daten nicht möglich, da diese immer sicherer werden.

Dank dieses Updates werden sogar öffentliche WiFi-Netzwerke sicher, vor allem wenn man nach einem spezialisierten Zweig sucht, einem für private Kreise und einem anderen für Unternehmen, obwohl, wenn keine langen Passwörter verwendet werden, immer noch ein großes Risiko der Verwundbarkeit besteht.